Grundkurs Kosten- und Leistungsrechnung

Karin Nickenig

Grundkurs Kosten- und Leistungsrechnung

Schneller Einstieg in die unternehmerische Kalkulation

2., durchgesehene Auflage

Karin Nickenig
Mülheim-Kärlich
Deutschland

ISBN 978-3-658-22750-0   ISBN 978-3-658-22751-7 (eBook)
https://doi.org/10.1007/978-3-658-22751-7

Die Deutsche Nationalbibliothek verzeichnet diese Publikation in der Deutschen Nationalbibliografie; detaillierte bibliografische Daten sind im Internet über http://dnb.d-nb.de abrufbar.

Springer Gabler
© Springer Fachmedien Wiesbaden GmbH, ein Teil von Springer Nature 2017, 2018
Das Werk einschließlich aller seiner Teile ist urheberrechtlich geschützt. Jede Verwertung, die nicht ausdrücklich vom Urheberrechtsgesetz zugelassen ist, bedarf der vorherigen Zustimmung des Verlags. Das gilt insbesondere für Vervielfältigungen, Bearbeitungen, Übersetzungen, Mikroverfilmungen und die Einspeicherung und Verarbeitung in elektronischen Systemen.
Die Wiedergabe von Gebrauchsnamen, Handelsnamen, Warenbezeichnungen usw. in diesem Werk berechtigt auch ohne besondere Kennzeichnung nicht zu der Annahme, dass solche Namen im Sinne der Warenzeichen- und Markenschutz-Gesetzgebung als frei zu betrachten wären und daher von jedermann benutzt werden dürften.
Der Verlag, die Autoren und die Herausgeber gehen davon aus, dass die Angaben und Informationen in diesem Werk zum Zeitpunkt der Veröffentlichung vollständig und korrekt sind. Weder der Verlag, noch die Autoren oder die Herausgeber übernehmen, ausdrücklich oder implizit, Gewähr für den Inhalt des Werkes, etwaige Fehler oder Äußerungen. Der Verlag bleibt im Hinblick auf geografische Zuordnungen und Gebietsbezeichnungen in veröffentlichten Karten und Institutionsadressen neutral.

Gedruckt auf säurefreiem und chlorfrei gebleichtem Papier

Springer Gabler ist ein Imprint der eingetragenen Gesellschaft Springer Fachmedien Wiesbaden GmbH und ist ein Teil von Springer Nature.
Die Anschrift der Gesellschaft ist: Abraham-Lincoln-Str. 46, 65189 Wiesbaden, Germany

Vorwort

Liebe Leser,

dieser Schnelleinstieg in die komplexe Welt der Kostenrechnung möchte allen Interessenten, also denjenigen, welche sich auf das komplexe System des internen Rechnungswesens einlassen möchten bzw. müssen, eine unterstützende Hilfe sein.

Ob Sie sich nun zum Beispiel als Existenzgründer, Studierende, Arbeitnehmer oder Auszubildende mit der spannenden, aber häufig schwer verständlichen Materie beschäftigen: die Kombination von theoretischen Grundlagen und einfachen Beispielen aus der Praxis soll Nicht-Experten einen leichten, aber gleichzeitig fachlich fundierten Zugang zu diesem komplexen Themengebiet ermöglichen.

Das Ziel dieser Grundlagen-Lektüre besteht darin, relevantes Fachvokabular zu vermitteln, die Berechnungsmöglichkeiten vereinfacht darzustellen und hierdurch zur erfolgreichen Umsetzung im Tagesgeschäft eines Unternehmers beizutragen. Es wird kein Anspruch auf Vollständigkeit erhoben. Dieses Lehrbuch dient ausschließlich dazu, sich erstmalig mit der Materie der Kostenrechnung vertraut zu machen, um die erworbenen oder aufgefrischten Kenntnisse zukünftig ausbauen zu können.

An dieser Stelle danke ich allen Personen, die mich zu diesem Lehrbuch motiviert und mit wertvollen Ideen und Hinweisen bei meiner Autorentätigkeit begleitet haben. Besonderen Dank auch an diejenigen, die die finale Umsetzung dieser Lektüre durchführen.

Ich wünsche Ihnen nun viel Freude auf der spannenden aber auch herausfordernden Reise durch die Welt der Kostenrechnung in Begleitung mit dem motivierten Autohausinhaber Carlo Sommerweizen, welcher sich Ihnen im nachfolgenden Kapitel näher vorstellen wird.

Mülheim-Kärlich, im Juni 2018   Karin Nickenig

Inhaltsverzeichnis

1 Carlo Sommerweizen e.K. – Vorstellung eines erfolgreichen Automobilhändlers 1

2 Betriebliches Rechnungswesen 3
   2.1 Aufbau des betrieblichen Rechnungswesens 3
   2.2 Teilbereich: Externes Rechnungswesen 4
   2.3 Teilbereich: Internes Rechnungswesen 5
   2.4 Wichtige Definitionen 6
   2.5 Zusammenfassende Lernkontrolle 7
        2.5.1 Kontrollfragen 7
        2.5.2 Lösungen zu den Kontrollfragen 8
        2.5.3 Übungen 8
        2.5.4 Lösungen zu den Übungen 9
   Literatur 10

3 Begriffspaare 11
   3.1 Einzahlungen/Auszahlungen 11
   3.2 Einnahmen/Ausgaben 12
   3.3 Erträge/Aufwendungen 14
   3.4 Leistungen/Kosten 15
   3.5 Wichtige Definitionen 16
   3.6 Zusammenfassende Lernkontrolle 16
        3.6.1 Kontrollfragen 16
        3.6.2 Lösungen zu den Kontrollfragen 17
        3.6.3 Übungen 17
        3.6.4 Lösungen zu den Übungen 18
   Literatur 19

4	Grundlegende Anmerkungen zur Kostenrechnung	21
	4.1 Teilbereiche der Kostenrechnung	21
	4.2 Kostenrechnungssysteme	22
	4.2.1 Klassische Kostenrechnungssysteme	23
	4.2.2 Moderne Kostenrechnungssysteme	25
	4.3 Prinzip der Kostenverrechnung	26
	4.4 Wichtige Definition	27
	4.5 Zusammenfassende Lernkontrolle	28
	4.5.1 Kontrollfragen	28
	4.5.2 Lösungen zu den Kontrollfragen	28
	4.5.3 Übungen	29
	4.5.4 Lösungen zu den Übungen	31
5	**Kostenartenrechnung**	**35**
	5.1 Ziel der Kostenartenrechnung	35
	5.2 Kostenbegriffe und Kostenarten	36
	5.2.1 Wichtige Kostenbegriffe	36
	5.2.2 Kosten nach unterschiedlichen Gesichtspunkten	38
	5.3 Maschinenstundensätze	52
	5.4 Break-Even-Point	57
	5.5 Wichtige Definitionen	59
	5.6 Zusammenfassende Lernkontrolle	61
	5.6.1 Kontrollfragen	61
	5.6.2 Lösungen zu den Kontrollfragen	61
	5.6.3 Übungen	62
	5.6.4 Lösungen zu den Übungen	65
	Literatur	71
6	**Kostenstellenrechnung**	**73**
	6.1 Die Kostenstellenrechnung zwischen Kostenarten- und Kostenträgerrechnung	73
	6.2 Haupt- und Nebenkostenstellen	74
	6.3 Aufgaben eines Betriebsabrechnungsbogens	76
	6.4 Struktur eines Betriebsabrechnungsbogens	76
	6.5 Betriebsabrechnungsbogen – einfaches Beispiel	77
	6.6 Betriebsabrechnungsbogen – komplexes Beispiel	79
	6.7 Wichtige Definitionen	83
	6.8 Zusammenfassende Lernkontrolle	84
	6.8.1 Kontrollfragen	84
	6.8.2 Lösungen zu den Kontrollfragen	84

		6.8.3	Übungen	85
		6.8.4	Lösungen zu den Übungen	89
7	**Kostenträgerrechnung**			**93**
	7.1	Aufgaben der Kostenträgerrechnung		93
	7.2	Kostenträgerzeitrechnung		95
		7.2.1	Umsatzkostenverfahren	95
	7.3	Kostenträgerstückrechnung		101
		7.3.1	Divisionskalkulation	101
		7.3.2	Äquivalenzziffernkalkulation	104
		7.3.3	Zuschlagskalkulation	107
		7.3.4	Handelskalkulation	109
		7.3.5	Kuppelkalkulation	112
	7.4	Wichtige Definitionen		113
	7.5	Zusammenfassende Lernkontrolle		113
		7.5.1	Kontrollfragen	113
		7.5.2	Lösungen zu den Kontrollfragen	114
		7.5.3	Übungen	114
		7.5.4	Lösungen zu den Übungen	121
8	**Übungsklausuren**			**131**
	8.1	Übungsklausur Nr. 1 (60 Minuten Bearbeitungszeit)		131
	8.2	Übungsklausur Nr. 2 (90 Minuten)		135
	8.3	Übungsklausur Nr. 3 (120 Minuten)		137
Fazit				**143**

Abkürzungsverzeichnis

Abkürzungen

AK	Anschaffungskosten
AO	Abgabenordnung
Abschn.	Abschnitt
Ausz.	Auszahlungen
Änd.	Änderung
BAB	Betriebsabrechnungsbogen
DB	Deckungsbeitrag
e.K.	eingetragener Kaufmann
Einz.	Einzahlungen
etc.	et cetera
FEK	Fertigungseinzelkosten
FGK	Fertigungsgemeinkosten
HGB	Handelsgesetzbuch
GesV	Gesamtvermögen
GK	Gemeinkosten
GKV	Gesamtkostenverfahren
GuV	Gewinn- und Verlustrechnung
HGB	Handelsgesetzbuch
HK	Herstellungskosten
Kfix	Fixkosten
Kges	Gesamtkosten
Kvar	variable Kosten
KLR	Kosten- und Leistungsrechnung
MEK	Materialeinzelkosten
MGK	Materialgemeinkosten
P	Preis

SachV	Sachvermögen
Std.	Stunden
u.a.	und andere
u.ä.	und ähnliches
UKV	Umsatzkostenverfahren
USt	Umsatzsteuer
VertrK	Vertriebskosten
Y	Menge
z.B.	zum Beispiel
ZMB	Zahlungsmittelbestand

Carlo Sommerweizen e.K. – Vorstellung eines erfolgreichen Automobilhändlers 1

Zusammenfassung

Im vorliegenden Lehrbuch beschäftigt sich der motivierte und erfolgreiche Autohändler Carlo Sommerweizen, welcher einen Autohandel mit angeschlossener Werkstatt betreibt, mit den *Grundlagen der Kosten- und Leistungsrechnung*.

Geeignete Fachliteratur, zahlreiche Beispiele, Kontrollfragen und Übungen helfen ihm, sich in diesem komplexen Zahlendschungel zurechtzufinden. Nachdem er den etwas trockenen und theoretischen Einstieg „überstanden" hat, macht ihm das Rechnen und Erkennen relevanter Informationen für sein Unternehmen weitestgehend Freude.

Folgen wir nun Carlo Sommerweizen durch die spannende Welt der Kostenrechnung.

Im vorliegenden Lehrbuch beschäftigt sich der motivierte und erfolgreiche Autohändler Carlo Sommerweizen, welcher einen Autohandel mit angeschlossener Werkstatt betreibt, mit den *Grundlagen der Kosten- und Leistungsrechnung*.

Geeignete Fachliteratur, zahlreiche Beispiele, Kontrollfragen und Übungen helfen ihm, sich in diesem komplexen Zahlendschungel zurechtzufinden. Nachdem er den etwas trockenen und theoretischen Einstieg „überstanden" hat, macht ihm das Rechnen und Erkennen relevanter Informationen für sein Unternehmen weitestgehend Freude.

Er weiß, dass er gesetzlich nicht dazu angehalten werden kann, ein internes Rechnungswesen in seinem Unternehmen zu integrieren. Um jedoch einen realistischen Überblick zu erhalten und kaufmännisch vernünftig entscheiden zu können, wählt Sommerweizen diese neue Herausforderung.

Das sorgfältig zusammengestellte und ausgewertete Zahlenmaterial unterstützt Sommerweizen unter anderem bei der Preisgestaltung. Dazu jedoch später mehr.

Folgen wir nun Carlo Sommerweizen auf seiner Reise durch die Grundlagen der Kosten- und Leistungsrechnung und starten mit allgemeinen Anmerkungen zum Betrieblichen Rechnungswesen.

Betriebliches Rechnungswesen 2

> **Zusammenfassung**
>
> In diesem Kapitel beschäftigt sich Carlo Sommerweizen mit dem Aufbau des *betrieblichen Rechnungswesens*. Neben dem externen Rechnungswesen schaut sich der Unternehmer die Zusammensetzung des internen Rechnungswesens an. Um den Lernerfolg zu sichern, beantwortet er im Anschluss an das Kapitel die Kontrollfragen und löst die zusammenfassenden Übungsaufgaben. Die beigefügten Lösungsvorschläge helfen ihm bei der Aufarbeitung des Lernstoffes.

In diesem Kapitel beschäftigt sich Carlo Sommerweizen mit dem Aufbau des *betrieblichen Rechnungswesens*. Neben dem Teilbereich „Externes Rechnungswesen" schaut sich der Unternehmer die Zusammensetzung des internen Rechnungswesens an. Um den Lernerfolg zu sichern, beantwortet er im Anschluss an das Kapitel die Kontrollfragen und löst die zusammenfassenden Übungsaufgaben. Die beigefügten Lösungsvorschläge helfen ihm bei der Aufarbeitung des Lernstoffes.

2.1 Aufbau des betrieblichen Rechnungswesens

Carlo Sommerweizen hat bereits im Selbststudium zum Thema Buchführung einiges über das *betriebliche Rechnungswesen* gelesen. Er weiß jedoch, dass Wiederholung niemals schadet. Deshalb schaut er sich auch noch einmal sehr genau die Zusammensetzung dieser wichtigen Säule seines Unternehmens an.

Das betriebliche Rechnungswesen besteht aus 4 großen Kernbereichen, von denen im Folgenden lediglich der externe Bereich kurz aufgegriffen und das interne Rechnungswesen ausführlich betrachtet wird:

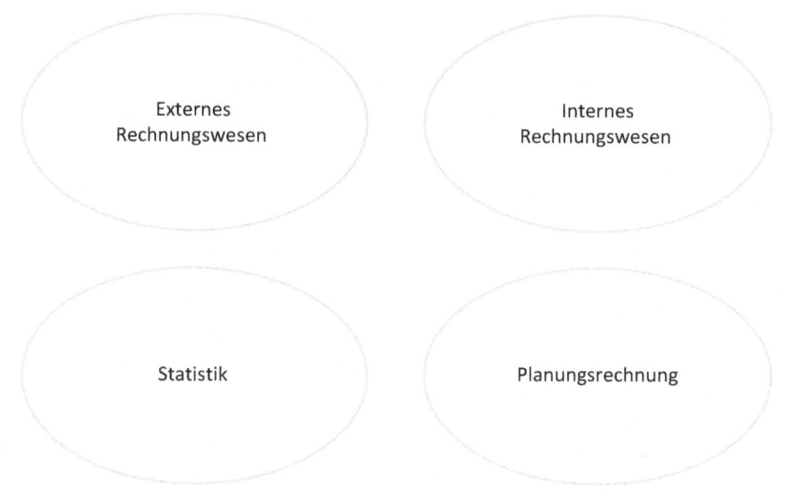

2.2 Teilbereich: Externes Rechnungswesen

Sommerweizen weiß, dass das *externe Rechnungswesen*, welches auch *Rechnungslegung* genannt wird, Zahlenmaterial für fremde Dritte (also Personen außerhalb des Unternehmens) liefert. Daher wird dieser wesentliche Teilbereich auch als extern bezeichnet. Die Buchführung als Zusammenstellung aller betrieblichen Geschäftsvorfälle ist gesetzlich vorgeschrieben und mündet am Ende eines Wirtschaftsjahres in die Bilanz, Gewinn- und Verlustrechnung (GuV) und bei Kapitalgesellschaften zusätzlich noch in den Anhang und Lagebericht.

Bei kapitalmarktorientierten Kapitalgesellschaften kommen noch hinzu: Cash-Flow-Berechnung (auch Kapitalflussrechnung), Segmentberichterstattung und Eigenkapitalspiegel. Auf diese zusätzlichen Komponenten geht der wissbegierige Unternehmer an dieser Stelle jedoch nicht weiter ein, da ihn als Einzelunternehmer lediglich die Bilanz und die Gewinn- und Verlustrechnung interessieren.

Adressaten des externen Rechnungswesens, so erinnert sich Carlo, sind z. B. er selbst als Entscheidungsträger im Unternehmen, Finanzamt, Banken, Anteilseigner, Öffentlichkeit.

Er weiß auch, dass sich die gesetzlichen Vorgaben zur Erstellung der Buchführung und der Bilanzierung aus dem Handelsgesetzbuch (HGB) und der Abgabenordnung (AO) ergeben.

Da sich Carlo Sommerweizen bereits vor einiger Zeit sehr ausführlich mit dieser Thematik beschäftigt hat[1], verzichtet er auf die detaillierte Wiederholung dieses Themas. Ihm genügt an dieser Stelle die Auffrischung.

2.3 Teilbereich: Internes Rechnungswesen

Nun widmet sich der Autohausinhaber dem Bereich des *internen Rechnungswesens*. Carlo weiß, dass dieser Bereich nicht gesetzlich vorgeschrieben, jedoch für ein wirtschaftlich erfolgreiches Unternehmen ein absolutes Muss darstellt.

Das interne Rechnungswesen besteht aus 3 wesentlichen Teilbereichen: Kostenarten-, Kostenstellen- und Kostenträgerrechnung.

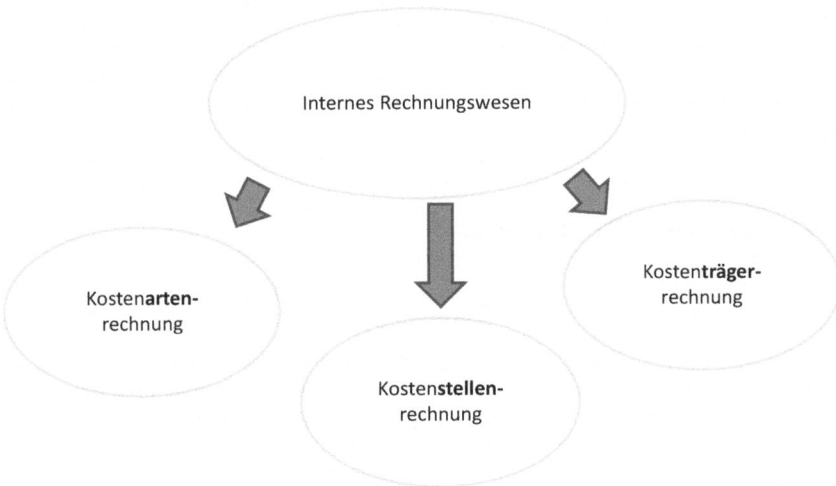

Alle 3 Teilbereiche gehen unterschiedlichen Fragestellungen nach, wie das nachfolgende Schaubild zeigt:

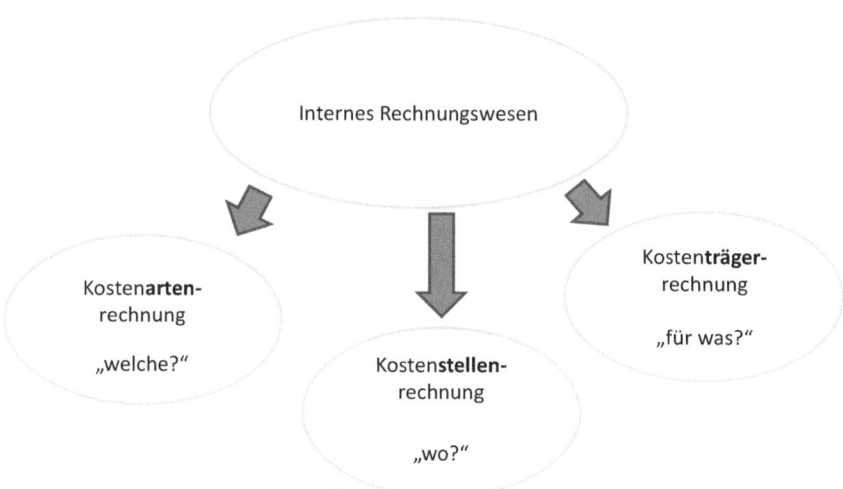

Carlo Sommerweizen weiß, dass die Kombination von externem und internem Rechnungswesen neben dem Einsatz der Statistik und der Planungsrechnung dem Entscheidungsträger im Unternehmen einen geplanten positiven wirtschaftlichen Erfolg realisieren hilft.

Zur Wiederholung dieser Grundlagen beantwortet Sommerweizen die nachfolgenden Fragen und Übungen in Abschn. 2.5 Zusammenfassende Lernkontrolle. Doch zunächst widmet er sich – wie immer – den wichtigen Begrifflichkeiten dieses Kapitels und deren Definitionen.

2.4 Wichtige Definitionen

Betriebliches Rechnungswesen	Das betriebliche Rechnungswesen beinhaltet 4 Teilbereiche: externes Rechnungswesen, internes Rechnungswesen, Planung und Statistik
Bilanz	ital. „bilancia" = Waage; Gegenüberstellung von Vermögen und Schulden zum Bilanzstichtag

Controlling	Unter Controlling versteht man die Vorgänge: Planen, Steuern, Kontrollieren.
Externes Rechnungswesen (Rechnungslegung)	Das Ergebnis des externen Rechnungswesens ist die Bilanz und Gewinn- und Verlustrechnung. Bei Kapitalgesellschaften wird auch noch der Anhang als Komponente gesetzlich gefordert.
Gewinn- und Verlustrechnung	Die Gewinn- und Verlustrechnung (kurz: GuV) ist ein Bestandteil des Jahresabschlusses und weist den unternehmerischen Erfolg in Form von Gewinn oder Verlust aus. Sie besteht aus Aufwands- und Ertragskonten.
Internes Rechnungswesen (Rechnungslegung)	Das interne Rechnungswesen ist der zweite große Teilbereich des betrieblichen Rechnungswesens. Dieser Teil ist nicht gesetzlich vorgeschrieben, sondern freiwillig.
Kostenstelle	Kostenstelle ist der Ort im Unternehmen, an dem Kosten verursacht werden.
Rechnungswesen	Als Rechnungswesen bezeichnet man kurz sämtliche Teilbereiche des Betrieblichen Rechnungswesens.

2.5 Zusammenfassende Lernkontrolle

Die folgenden Fragen und Übungen helfen das neu erlernte oder aufgefrischte Fachwissen zu vertiefen und zu festigen.

2.5.1 Kontrollfragen

1. Aus welchen *Teilbereichen* setzt sich das betriebliche Rechnungswesen zusammen?
2. Welcher *Teilbereich* ist gesetzlichen Vorgaben nach HGB und AO unterworfen?
3. Wie nennt man das *externe Rechnungswesen* noch?
4. Welche Adressaten können Sie mit dem internen Rechnungswesen in Verbindung bringen?
5. An wen richtet sich das externe Rechnungswesen?

2.5.2 Lösungen zu den Kontrollfragen

1. Externes Rechnungswesen, Internes Rechnungswesen, Statistik und Planungsrechnung
2. Externes Rechnungswesen
3. Rechnungslegung
4. z. B. Unternehmensinhaber, Anteilseigner, Vorgesetzter
5. z. B. Banken, Finanzamt, Öffentlichkeit, Arbeitnehmer, Investoren

2.5.3 Übungen

1. Bitte entscheiden Sie bei den nachfolgenden Aussagen, ob diese richtig oder falsch sind und kreuzen Sie bitte zutreffend an:

Fragen zu Kap. 2 „Richtig oder Falsch"

Nr.	Aussage	Richtig	Falsch
1.	Das interne Rechnungswesen besteht aus der Buchführung, Bilanzierung und dem Anhang.		
2.	Das externe Rechnungswesen orientiert sich am BGB und dem AB.		
3.	Die Abgabenordnung (AO) ist das Grundgesetz der Steuergesetze.		
4.	Das HGB (Handelsgesetzbuch) ist das Gesetz der Kaufleute, insbesondere der Industriekaufleute.		
5.	Neben der Jahresabschlusserstellung hat der Steuerberater auch die Kalkulation durchzuführen.		
6.	Controlling steht für Planen, Steuern, Kontrollieren.		
7.	Die Kalkulation gehört zur Bilanz.		
8.	Die Kostenträgerrechnung geht der Frage nach, wer die Rohstoff-Rechnungen für die Produktion von Erzeugnissen zu zahlen hat.		
9.	Die Kostenstellenrechnung geht der Frage nach, an welcher Stelle die Kosten für die Produktion anfallen.		
10.	Die Buchführung ist Bestandteil des internen Rechnungswesens.		

2.5 Zusammenfassende Lernkontrolle

2. Bitte ergänzen Sie die nachfolgenden Aussagen um den fehlenden Begriff:

Aussagen zu Kap. 2 „Lückentext"

1.	Das betriebliche Rechnungswesen besteht aus dem .... und dem .... Teilbereich.
2.	Für die Buchführung sind die gesetzlichen Vorgaben aus der .... und des .... relevant.
3.	Das interne Rechnungswesen ist ...., während das externe Rechnungswesen Vorgänge der Vergangenheit beinhaltet.
4.	Das Belegprinzip besagt, dass keine .... ohne Beleg erfolgen darf.
5.	Die Buchführung mündet in die .... und die Gewinn- und Verlustrechnung.
6.	Die Kostenrechnung dient z. B. zur Ermittlung der ....
7.	Das interne Rechnungswesen wird auch angewendet, um .... zu kalkulieren.
8.	GoB steht für ....
9.	Die Buchführung dient auch zur ....
10.	Die Ermittlung des Endpreises ist Aufgabe der ....

2.5.4 Lösungen zu den Übungen

1. Folgende Antworten sind korrekt:

Antworten zu Kap. 2 „Richtig oder Falsch" (Aufgabe 1)

Nr.	Aussage	Richtig	Falsch
1.	Das interne Rechnungswesen besteht aus der Buchführung, Bilanzierung und dem Anhang.		X
2.	Das externe Rechnungswesen orientiert sich am BGB und dem AB.		X
3.	Die Abgabenordnung (AO) ist das Grundgesetz der Steuergesetze.	X	
4.	Das HGB (Handelsgesetzbuch) ist das Gesetz der Kaufleute, insbesondere der Industriekaufleute.		X
5.	Neben der Jahresabschlusserstellung hat der Steuerberater auch die Kalkulation durchzuführen.		X

(Fortsetzung)

Nr.	Aussage	Richtig	Falsch
6.	Controlling steht für Planen, Steuern, Kontrollieren.	X	
7.	Die Kalkulation gehört zur Bilanz.		X
8.	Die Kostenträgerrechnung geht der Frage nach, wer die Rohstoff-Rechnungen für die Produktion von Erzeugnissen zu zahlen hat.		X
9.	Die Kostenstellenrechnung geht der Frage nach, an welcher Stelle die Kosten für die Produktion anfallen.	X	
10.	Die Buchführung ist Bestandteil des internen Rechnungswesens.		X

2. Lösungsvorschläge zum Lückentext:

Aussagen zu Kap. 2 „Lückentext" (Aufgabe 2)

1.	Das betriebliche Rechnungswesen besteht aus dem *externen* und dem *internen* Teilbereich.
2.	Für die Buchführung sind die gesetzlichen Vorgaben aus der *Abgabenordnung (AO)* und des *Handelsgesetzbuches (HGB)* relevant.
3.	Das interne Rechnungswesen ist *zukunftsorientiert*, während das externe Rechnungswesen Vorgänge der Vergangenheit beinhaltet.
4.	Das Belegprinzip besagt, dass keine *Buchung* ohne Beleg erfolgen darf.
5.	Die Buchführung mündet in die *Bilanz* und die Gewinn- und Verlustrechnung.
6.	Die Kostenrechnung dient z. B. zur Ermittlung der *Selbstkosten*.
7.	Das interne Rechnungswesen wird auch angewendet, um *Angebotspreise* zu kalkulieren.
8.	GoB steht für *Grundsätze ordnungsgemäßer Buchführung*.
9.	Die Buchführung dient auch zur *Selbstinformation des Unternehmers*.
10.	Die Ermittlung des Endpreises ist Aufgabe der *Kalkulation*.

Literatur

[1] Nickenig K (2016) Buchführung: Schneller Einstieg in die Grundlagen: Einführung in die gesetzlichen Vorschriften und in die Buchführungstechnik. Springer, Wiesbaden

Begriffspaare 3

Zusammenfassung

Carlo Sommerweizen weiß, dass er zum besseren Verständnis die relevanten Begriffe aus der Kostenrechnung beherrschen sollte. Deshalb schaut er sich – zum wiederholten Male – die Definitionen und Beispiele relevanter Begriffspaare an. Eine Zuordnung der Begriffe wird der motivierte Autohändler in späteren Übungsaufgaben zum Zwecke des besseren Verständnisses nochmal wiederholen.

Carlo Sommerweizen weiß, dass es sowohl für das externe als auch das interne Rechnungswesen wichtig ist, die Begrifflichkeiten korrekt zu kennen und einsetzen zu können. Deshalb wiederholt er nochmals 4 wesentliche Begriffspaare des Rechnungswesens:[1]

- Einzahlungen und Auszahlungen
- Einnahmen und Ausgaben
- Erträge und Aufwendungen
- Leistungen und Kosten

Einfache Beispiele helfen dem motivierten und erfolgreichen Unternehmer, die Begriffspaare besser auseinanderhalten zu können.

Carlo Sommerweizen startet mit den *Einzahlungen* und *Auszahlungen*.

3.1 Einzahlungen/Auszahlungen

Von *Ein-* und *Auszahlungen* spricht die Fachliteratur, wenn sich der Zahlungsmittelbestand (also Bank und Kasse) ändert. Im Falle von Einzahlungen erhöht sich der Zahlungsmittelbestand, bei Auszahlungen wird dieser reduziert.

▶ Einzahlungen ./. Auszahlungen = Veränderung des Zahlungsmittelbestandes (ZMB)

Ein Beispiel zu „Einzahlungen" soll vorgenannte Formel verdeutlichen:

Beispiel zu „Einzahlungen"

Carlos Kunde Günter Lustig zahlt bei Kauf ein Ersatzteil für brutto 70,00 EUR bar.
Der Kassenbestand wird durch die Barzahlung von Kunde Lustig erhöht. Es handelt sich um eine *Einzahlung*.

Einz.	./.	Ausz.	=	Änd. ZMB
70,00€	./.	0,00€	=	+ 70,00€

Sommerweizen schaut sich auch noch einmal ein Beispiel zu den „Auszahlungen" an:

Beispiel zu „Auszahlungen"

Carlo überweist eine Rechnung für Bürobedarf in Höhe von 119,00 per Bank (betriebliches Konto).
Der Bankbestand wird durch die Überweisung von Unternehmer Sommerweizen vermindert. Es handelt sich um eine *Auszahlung*.

Einz.	./.	Ausz.	=	Änd. ZMB
0,00€	./.	119,00€	=	./.119,00€

Carlo Sommerweizen kann sich sofort wieder an diese Formel erinnert und schaut sich zur Wiederholung auch das Begriffspaar „Einnahmen" und „Ausgaben" an.

3.2 Einnahmen/Ausgaben

Wenn man neben den Ein- und Auszahlungen noch die Veränderung von Forderungen und Verbindlichkeiten betrachtet, gelangt man zu den *Einnahmen* bzw. *Ausgaben*.
Sommerweizen erinnert sich an folgende allgemeine Gleichung:

3.2 Einnahmen/Ausgaben

▶ (Einzahlungen ./. Auszahlungen) + (Forderungen ./. Verbindlichkeiten) = Veränderung des Geldvermögens (Einnahmen bzw. Ausgaben)

oder anders dargestellt:

▶ Veränderung des Zahlungsmittelbestands + (Forderungen ./. Verbindlichkeiten) = Veränderung des Geldvermögens (Einnahmen bzw. Ausgaben)

Auch hier überlegt sich Sommerweizen einige Beispiele. Er beginnt mit den Ausgaben:

Beispiel: Ausgaben

Sommerweizen zahlt eine Reparaturrechnung, die nicht kreditorisch gebucht wurde für den betrieblichen Pkw (bar) in Höhe von 170,00 EUR.

Es handelt sich einerseits um eine *Auszahlung*, da der Kassenbestand um 170,00 EUR vermindert wird. Gleichzeitig liegt auch eine *Ausgabe* vor, da eine Veränderung des Geldvermögens gegeben ist.

Einz.	./.	Ausz.	+	Ford.	./.	Verb.	=	Änd. GV
0,00€	./.	170,00€	+	0,00€	./.	0,00€	=	./. 170,00€

Carlo weiß, dass eine Einnahme eine positive Veränderung des Geldvermögens darstellt. Auch hierzu schaut er sich ein Beispiel ein:

Beispiel: Einnahme

Sommerweizen schreibt an Kunde Lustig eine Rechnung für eine erbrachte Leistung in Höhe von 1.570,00 EUR. Ein Zahlungseingang konnte der Autohausinhaber bisher noch nicht feststellen.

Es liegt eine *Einnahme* vor, da eine positive Veränderung des Geldvermögens gegeben ist.

Einz.	./.	Ausz.	+	Ford.	./.	Verb.	=	Änd. GV
0,00€	./.	0,00€	+	1.570,00€	./.	0,00€	=	+ 1.570,00€

Carlo sieht, dass Wiederholung ganz wichtig ist. Er freut sich, dass er noch immer diese Formeln anwenden kann und sie nicht ganz vergessen hat.

Jetzt geht er im folgenden Kapitel auf das Begriffspaar „Aufwendungen" und „Erträge" ein.

3.3 Erträge/Aufwendungen

Erträge und *Aufwendungen* kennt Carlo Sommerweizen aus der Gewinn- und Verlustrechnung. Hier werden sowohl zahlungs- als auch nicht zahlungsrelevante Vorgänge gegenübergestellt. Erträge führen zum Wertzuwachs (z. B. Umsatzerlöse, Zinserträge); Aufwendungen verursachen betriebliche Wertminderungen (z. B. Telefon, Löhne).

Der motivierte Unternehmer erweitert nun die vorgenannte allgemeine Formel um die Veränderung des Sachvermögens, um im Endergebnis die Veränderung des Reinvermögens ermitteln zu können.

▶ (Einzahlungen ./. Auszahlungen) + (Forderungen ./. Verbindlichkeiten) + Änderung Sachvermögen = Änderung Reinvermögen

Hierzu schaut sich Sommerweizen nun ein Beispiel zum „Aufwand" an:

Beispiel: Aufwand

Sommerweizen zahlt eine Rechnung für Betriebsbedarf (nicht kreditorisch gebucht) in Höhe von 120,00 EUR per Banküberweisung.

Es handelt sich um eine *Auszahlung*, da der Bankbestand (Zahlungsmittelbestand) um 120,00 EUR reduziert wird. Gleichzeitig handelt es sich auch um eine *Ausgabe*, da sich das Geldvermögen (also Summe aus Zahlungsmittelbestand zuzüglich Forderungen und abzüglich Verbindlichkeiten) verändert. Auch findet eine Änderung des Reinvermögens statt; es liegt ein *Aufwand* vor:

Einz.	./.	Ausz.	+	Ford.	./.	Verb.	+	SachV	=	GesV
0,00€	./.	120,00€	+	0,00€	./.	0,00€	+	0,00€	=	./. 120,00€

Nun fehlt noch ein Beispiel zum Ertrag. Hierzu schaut sich Sommerweizen ebenfalls ein Beispiel an:

> **Beispiel: Ertrag**
>
> Sommerweizen schreibt seinem Kunden Schlaumeier eine Ausgangrechnung in Höhe von 50,00 EUR für die Lieferung einer Glühbirne. Schlaumeier zahlt bar.
> Es handelt sich um eine *Einzahlung*, da sich der Kassenbestand positiv verändert. Gleichzeitig liegt eine Einnahme in Höhe von 50,00 EUR vor, da sich das Geldvermögen (also Summe aus Zahlungsmittelbestand zuzüglich Forderungen und abzüglich Verbindlichkeiten) erhöht. Das Sachvermögen bleibt unverändert; es liegt ein *Ertrag* vor:
>
> | Einz. | ./. | Ausz. | + | Ford. | ./. | Verb. | + | SachV | = | GesV |
> |---|---|---|---|---|---|---|---|---|---|---|
> | 50,00€ | ./. | 0,00€ | + | 0,00€ | ./. | 0,00€ | + | 0,00€ | = | + 50,00€ |

Abschließend verbleibt noch das Begriffspaar der Kosten und Leistungen.

3.4 Leistungen/Kosten

Zu den *Kosten* und *Leistungen* zählen Größen, die der Kostenrechnung (internes Rechnungswesen) zuzuordnen sind.

Den Verbrauch an Produktionsfaktoren zur Herstellung von Erzeugnissen oder Leistungen bezeichnet man als Kosten. Sie dienen dem Betriebszweck.

Als Leistungen bezeichnet man in Geld bewertete Wertzuwächse, welche ebenfalls aus dem Betriebszweck heraus resultieren.

Die allgemeine Formel ist zu ergänzen um das „neutrale Vermögen" und dem „betriebsnotwendigen Vermögen".

▶ Änd. ZMB + Ford. ./. Verb. + SachV ./. Vermögen neutral + Vermögen betriebsnotwendig

Als „neutrales Vermögen" bezeichnet man den Teil des Vermögens, welcher **nicht** betriebsnotwendig ist und somit auch **nicht** dem Betriebszweck dient. Hierzu zählen z. B. ein stillgelegtes Grundstück oder Aktien im Umlaufvermögen.

Im Gegensatz hierzu gibt es auch das „betriebsnotwendige Vermögen", welches unbedingt zur Leistungserstellung herangezogen wird. Hierzu zählen beispielsweise die Hebebühne in der Werkstatt, die Reparaturhalle etc.

3.5 Wichtige Definitionen

Anlagevermögen	Güter, welche dazu bestimmt sind, dem Betrieb dauerhaft zu dienen.
Ausgaben	Ausgaben mindern das Geldvermögen. Beispiel: Unternehmer erhält eine Eingangsrechnung nach Inanspruchnahme einer Leistung.
Auszahlungen	Auszahlungen (aus Kasse oder von der Bank) mindern den Zahlungsmittelbestand.
Debitor	Anderer Begriff für: Kunde
Einnahmen	Einnahmen erhöhen das Geldvermögen. Beispiel: Erbringung einer Ausgangsleistung durch den Unternehmer an einen Abnehmer und damit Anspruch auf Zahlung der Geldleistung (Forderung) durch den Abnehmer.
Einzahlungen	Einzahlungen (in Kasse oder Bank) erhöhen den Zahlungsmittelbestand.
Forderungen	Anspruch gegenüber dem Kunden
Gewinn- und Verlustrechnung (kurz: GuV)	Komponente des Jahresabschlusses; Gegenüberstellung von Aufwand und Ertrag zur Ermittlung des Gewinns.
Kreditor	Anderer Begriff für: Lieferant
Umlaufvermögen	Posten, die dazu bestimmt sind, dem Betrieb nur vorübergehend zur Verfügung zu stehen.
Verbindlichkeiten	Schulden gegenüber z. B. dem Lieferanten oder Kreditinstituten (Gläubiger)

3.6 Zusammenfassende Lernkontrolle

Die folgenden Fragen und Übungen helfen das neu erlernte oder aufgefrischte Fachwissen zu vertiefen und zu festigen.

3.6.1 Kontrollfragen

1. Nennen Sie bitte zwei Begriffspaare.
2. Wo finden sich Erträge und Aufwendungen?
3. Was versteht man in der Kostenrechnung unter neutralem Vermögen?
4. Nennen Sie bitte 2 Beispiele für neutrales Vermögen.
5. Nennen Sie bitte 2 Beispiele für betriebsnotwendiges Vermögen.

3.6 Zusammenfassende Lernkontrolle

6. Wie lautet die Formel zur Veränderung des Zahlungsmittelbestandes?
7. Wozu zählt das Begriffspaar Kosten und Leistungen?
8. Nennen Sie bitte ein Beispiel für eine Auszahlung.
9. Gehört die Abschreibung zum Aufwand?
10. Nennen Sie bitte ein Beispiel für Zusatzkosten.

3.6.2 Lösungen zu den Kontrollfragen

1. Einzahlungen und Auszahlungen, Erträge und Aufwendungen
2. Erträge und Aufwendungen finden sich in der Gewinn- und Verlustrechnung.
3. Als neutrales Vermögen bezeichnet man die Güter, welche nicht dem Betriebszweck dienen.
4. z. B. brachliegendes Grundstück, Wertpapiere des Umlaufvermögens
5. z. B. Hebebühne, Lastenkran
6. Einzahlungen minus Auszahlungen
7. Das Begriffspaar Kosten und Leistungen zählt zur Kostenrechnung (internes Rechnungswesen).
8. Barzahlung Tankrechnung, Bankzahlung Bürobedarf
9. Ja, die Abschreibung ist keine Auszahlung, keine Ausgabe, aber ein Aufwand (Werteverzehr des Sachvermögens)
10. Kalkulatorischer Unternehmerlohn, kalkulatorische Zinsen

3.6.3 Übungen

1. Bitte entscheiden Sie bei den nachfolgenden Aussagen, ob diese richtig oder falsch sind und kreuzen Sie bitte zutreffend an:

Fragen zu Kap. 3 „Richtig oder Falsch" (Aufgabe 1)

Nr.	Aussage	Richtig	Falsch
1.	Das interne und externe Rechnungswesen verfügen über die gleichen Begriffspaare.		
2.	Die Abschreibung eines abnutzbaren Anlagengutes gehört zum Aufwand, da es eine Minderung des Sachvermögens darstellt.		
3.	Einzahlungen und Auszahlungen betreffen stets die Änderungen in der Kasse.		

(Fortsetzung)

Nr.	Aussage	Richtig	Falsch
4.	Einzahlungen und Auszahlungen betreffen die Veränderungen in Kasse und Bank.		
5.	Kosten und Leistungen sind identisch mit Einnahmen und Ausgaben.		
6.	Alle Begriffspaare sind im HGB definiert.		
7.	Die Barzahlung eines Kunden führt zur Einzahlung.		
8.	Die Tilgung eines Darlehens per Banküberweisung stellt eine Auszahlung dar.		
9.	Der Zinsaufwand (Banklastschrift) für die Inanspruchnahme eines betrieblichen Darlehens ist sowohl Aufwand als auch Auszahlung.		
10.	Einnahmen und Ausgaben findet man nur im privaten Bereich.		

2. Nennen Sie bitte je 2 Beispiele zu 2 willkürlich ausgewählten Begriffspaaren.

3.6.4 Lösungen zu den Übungen

1. Folgende Antworten sind korrekt:

Antworten zu Kap. 3 „Richtig oder Falsch" (Aufgabe 1)

Nr.	Aussage	Richtig	Falsch
1.	Das interne und externe Rechnungswesen verfügen über die gleichen Begriffspaare.		X
2.	Die Abschreibung eines abnutzbaren Anlagegutes gehört zum Aufwand, da es eine Minderung des Sachvermögens darstellt.	X	
3.	Einzahlungen und Auszahlungen betreffen stets die Änderungen in der Kasse.		X
4.	Einzahlungen und Auszahlungen betreffen die Veränderungen in Kasse und Bank.		X

(Fortsetzung)

Nr.	Aussage	Richtig	Falsch
5.	Kosten und Leistungen sind identisch mit Einnahmen und Ausgaben.		X
6.	Alle Begriffspaare sind im HGB definiert.		X
7.	Die Barzahlung eines Kunden führt zur Einzahlung.	X	
8.	Die Tilgung eines Darlehens per Banküberweisung stellt eine Auszahlung dar.	X	
9.	Der Zinsaufwand (Banklastschrift) für die Inanspruchnahme eines betrieblichen Darlehens ist sowohl Aufwand als auch Auszahlung.	X	
10.	Einnahmen und Ausgaben findet man nur im privaten Bereich.		X

2. Keine Lösungsvorschläge, da eine Vielzahl an richtigen Antworten möglich sein kann

Literatur

[1] Nickenig K (2016) Buchführung: Schneller Einstieg in die Grundlagen: Einführung in die gesetzlichen Vorschriften und in die Buchführungstechnik. Springer, Wiesbaden

Grundlegende Anmerkungen zur Kostenrechnung 4

> **Zusammenfassung**
>
> In diesem Kapitel schaut sich Carlo Sommerweizen zunächst die klassische Aufteilung der Kostenrechnung an. Er kennt sich zwar schon mit einzelnen Fachbegriffen aus, jedoch begrüßt er es, wenn er den einen oder anderen Fachbegriff nochmals an unterschiedlichen Stellen dieses Buches wiederholt. Sommerweizen beschäftigt sich in diesem Kapitel mit den klassischen Kostenrechnungssystemen und wagt auch einen kurzen Blick auf die modernen Systeme, die er an dieser Stelle jedoch nicht weiter vertieft. Im Anschluss dieses Kapitels wird er – wie immer – seine Kenntnisse mit Übungsfragen und -aufgaben vertiefen und festigen.

In diesem Kapitel schaut sich Carlo Sommerweizen zunächst die klassische Aufteilung der *Kostenrechnung* an. Er kennt sich zwar schon mit einzelnen Fachbegriffen aus, jedoch begrüßt er es, wenn er den einen oder anderen Fachbegriff nochmals an unterschiedlichen Stellen dieses Buches wiederholt. Sommerweizen beschäftigt sich mit den klassischen Kostenrechnungssystemen und wagt auch einen kurzen Blick auf die modernen Systeme, die er an dieser Stelle jedoch nicht weiter vertieft. Im Anschluss dieses Kapitels wird er – wie immer – seine Kenntnisse mit Übungsfragen und -aufgaben vertiefen und festigen.

4.1 Teilbereiche der Kostenrechnung

Die *Kostenrechnung* kann in folgende Teilbereiche untergliedert werden: Kostenartenrechnung, Kostenstellenrechnung und Kostenträgerrechnung. Dieses hat der motivierte Unternehmer Sommerweizen schon oft gelesen.

Im Rahmen der **Kostenartenrechnung** werden die im Unternehmen entstehenden Kosten in unterschiedliche Kategorien eingeteilt und somit einer gewissen Ordnung unterworfen. Die Betrachtung erfolgt stets für einen festgelegten Zeitraum. So kann beispielsweise eingeteilt werden in Personal-, Vertriebs- und Verwaltungskosten.

Die **Kostenstellenrechnung** klärt, an welchem Ort im Unternehmen die Kosten entstehen. Im Rahmen dieses Abschnitts spielt der Betriebsabrechnungsbogen (kurz: BAB) eine wichtige Rolle. Hier werden z. B. Gemeinkosten auf einzelne Kostenstellen verteilt.

Abschließend hat die **Kostenträgerrechnung** die Funktion, die angefallenen, geordneten Kosten auf den jeweiligen Kostenträger (also z. B. dem Objekt oder Projekt, welches die Kosten verursacht hat), verursachungsgerecht zuzuordnen.

Im Rahmen der allgemeinen Hinweise ist an dieser Stelle auch auf die Unterscheidung von Voll- und Teilkostenrechnung hinzuweisen, welche sich Sommerweizen der Vollständigkeit halber in seiner Fachliteratur durchliest. Er hat bereits im Inhaltsverzeichnis gesehen, dass die einzelnen Kostenarten in den nachfolgenden Kapiteln näher erläutert werden.

Vorab liest sich Sommerweizen also schon einmal die Definitionen zur Teilkosten- und Vollkostenrechnung durch:

Teilkostenrechnung Im Rahmen der *Teilkostenrechnung* werden nur die variablen und die Einzelkosten dem Kostenträger (Kostenverursacher) zugerechnet. Gemeinkosten bleiben hierbei außen vor. Die detaillierte Erläuterung der Kostenarten erfolgt im nächsten Kapitel. Diese Art der Rechnung ist wichtig zur Ermittlung des Deckungsbeitrages (DB).

Vollkostenrechnung Im Gegensatz zur Teilkostenrechnung werden bei der *Vollkostenrechnung* auch die Gemeinkosten dem Kostenverursacher (anteilig) hinzugerechnet. Weitere Erläuterungen erfolgen weiter unten.

4.2 Kostenrechnungssysteme

Kostenrechnungssysteme stellen eine Gesamtheit von Vorgaben zur Erfassung, Verarbeitung und Auswertung von Kosten dar. Diese benötigt man beispielsweise, um realistische Preise kalkulieren zu können.

4.2 Kostenrechnungssysteme

4.2.1 Klassische Kostenrechnungssysteme

Die *klassischen Kostenrechnungssysteme* werden z. B. nach zeitlichem Bezug oder Sachumfang unterschieden. Zunächst schaut sich Carlo die Kostenrechnung nach Zeitbezug an.

4.2.1.1 Kostenrechnung nach Zeitbezug
Bei der *Kostenrechnung nach Zeitbezug* wird unterschieden zwischen

- Istkostenrechnung
- Normalkostenrechnung
- Plankostenrechnung.

Istkostenrechnung Die *Istkostenrechnung* basiert auf den Istkosten, also den Kosten, die per Beleg nachzuweisen sind. Diese Kosten heißen Istkosten, da sie in der Realität tatsächlich angefallen sind. Es handelt sich hierbei um vergangenheitsorientierte Kosten.

Normalkostenrechnung Im Rahmen der *Normalkostenrechnung* werden Durchschnittskosten (basierend auf den Istkosten) als Basis zur Kalkulation herangezogen.

Plankostenrechnung Die *Plankostenrechnung* basiert auf zukunftsorientierten Werten (*Plankosten*) und kann erst zu einem späteren Zeitpunkt auf Realitätsnähe überprüft werden.

4.2.1.2 Kostenrechnung nach sachlichem Umfang
Wenn nach *Sachumfang* gegliedert wird, so ist die Kostenrechnung auf *Teilkosten-* oder *Vollkostenbasis* durchführbar.

Vollkostenrechnung Bei der *Vollkostenrechnung* werden sämtliche fixe und variable bzw. alle Einzel- und Gemeinkosten auf den Kostenträger verrechnet. Ziel ist die Ermittlung der Selbstkosten pro Einheit und pro Betrachtungsperiode. Sommerweizen erinnert sich …

> **Beispiel: Vollkostenrechnung**
>
> Unternehmer Werth produziert spezielle Zubehörteile für Pkw. Sommerweizen fragt an, ob er für seine Autoreparaturwerkstatt ein bestimmtes Zubehörteil produzieren kann, wenn er bereit ist, hierfür pro Stück 25,00 EUR zu zahlen.

Dem Produzenten fallen im Rahmen des Herstellungsprozesses folgende Kosten an: Fertigungsmaterial (pro Stück) 3,00 EUR, Fertigungseinzelkosten (pro Stück) 12,00 EUR, 10 % Materialgemeinkosten und 12 % Fertigungsgemeinkosten, Kosten für Verwaltung und Vertrieb 13 %.
Lohnt sich der Auftrag von Sommerweizen für Unternehmer Werth?
Dieser rechnet aus:

Ermittlung Ergebnis auf Vollkostenbasis (Beispiel Vollkostenrechnung)

	EUR	EUR
Materialeinzelkosten	3,00	
+ Materialgemeinkosten (10 % von 3,00 EUR)	0,30	
= Materialkosten (gesamt)		3,30
Fertigungseinzelkosten	12,00	
+ Fertigungsgemeinkosten (12 % von 12,00 EUR)	1,44	
= Fertigungskosten (gesamt)		13,44
Herstellkosten		**16,74**
+ Vertriebs- und Verwaltungskosten (13 % von 16,74 EUR)		2,18
Selbstkosten		**18,92**
./. Erlöse		./. 25,00
= Gewinn		**6,08**

Beispiel: Vollkostenrechnung – Fortsetzung –

Da Unternehmer Werth nach oben dargestellter Berechnung auf Vollkostenbasis einen Gewinn in Höhe von 6,08 EUR pro produziertem Zubehörteil erzielen würde, ist ihm die Annahme des Auftrages durch den Autohausinhaber Sommerweizen zu empfehlen.

Teilkostenrechnung Im Rahmen der *Teilkostenrechnung* werden nur Kostenteile (in der Regel die variablen Kosten) dem Kostenträger zugerechnet. Diese Art der Berechnung dient beispielsweise zur Ermittlung des Deckungsbeitrags und der kurzfristigen Preisuntergrenze (Preis, welcher mindestens am Markt erzielt werden sollte).

Die wichtigste Form der *Teilkostenrechnung* ist die *Deckungsbeitragsrechnung*. Hier werden vom Verkaufserlös die variablen (also beschäftigungsabhängigen Kosten) subtrahiert. Das Ergebnis ist der Deckungsbeitrag, d. h. ein Betrag, der zur Deckung der fixen Kosten dient.

> **Beispiel: Deckungsbeitragsrechnung**
>
> Sommerweizen kauft sich auf dem Weihnachtsmarkt ein Glas Punsch. Der Preis für das heiße Getränk beläuft sich auf 2,00 EUR (ohne Pfand). Die variablen Kosten für die Herstellung betragen 0,50 EUR. Die Höhe des Deckungsbeitrages ermittelt man, indem vom Erlös (2,00 EUR) die variablen Kosten (0,50 EUR) subtrahiert werden. Der Deckungsbeitrag (Wert zur Deckung der fixen Kosten) beläuft sich auf 1,50 EUR.

4.2.2 Moderne Kostenrechnungssysteme

Im Rahmen der modernen Kostenrechnungssysteme werden häufig die *Prozesskostenrechnung* und die *Zielkostenrechnung* (Target Costing) genannt.

Prozesskostenrechnung Die *Prozesskostenrechnung* gehört zu den modernen Kostenrechnungssystemen, welche auch das Praxisproblem im Rahmen der Zuordnung von Gemeinkosten aufgreift. In klassischen System (Vollkostenrechnung) werden die Gemeinkosten auf der Basis der Einzelkosten ermittelt. Steigen die Einzelkosten (z. B. Materialkosten) extrem an, steigen auch die Materialgemeinkosten proportional. Die Zuordnung erfolgt somit unter Umständen nicht verursachungsgerecht zum Vorgang.

Mit Hilfe der Prozesskostenrechnung (auch Vorgangskalkulation) sollen einem Auftrag bzw. einem Produktionsvorgang auch nur die Kosten zugerechnet werden, die dieser Vorgang verursacht hat. Dies hat erhebliche Auswirkung auf die Preiskalkulation für den Kunden.

Die Prozesskostenrechnung wird in mehreren Schritten durchgeführt:

1. Erfassung und Analyse der aktuellen Situation
2. Kostenzuordnung zu den einzelnen Prozessen
3. Festlegung der Kostentreiber (cost driver)
4. Ermittlung der Prozesskosten
5. Kalkulation

Sommerweizen liest in seinem Lehrbuch, dass jeder klar abgrenzbare Vorgang im Unternehmen (z. B. das Schreiben eines Briefes durch die Sekretärin) gut mit der Prozesskostenrechnung kostentechnisch zu kalkulieren ist. Er verzichtet auf die detaillierte Betrachtung dieser Berechnungsmethode, da er weiß, dass die Prozesskostenrechnung aktuell und auch in der Zukunft keinen Einsatz in seinem Unternehmen haben wird.

Zielkostenrechnung (auch: Target Costing) Bei der *Zielkostenrechnung* werden die am Markt voraussichtlich erzielbaren Erlöse für die Güter und Dienstleistungen als Basis für die interne (rückwärts gerichtete auch „retrograde") Kalkulation herangezogen.

Die Zielkostenrechnung geht der Frage nach, wieviel ein Produkt am Markt kosten darf. Dazu wird vom möglichen erzielbaren Umsatz der Gewinnanteil in Abzug gebracht. Was als Ergebnis verbleibt, bezeichnet man als Zielkosten.

Carlo Sommerweizen verzichtet auch hier auf die detaillierte Betrachtung. Er weiß nun, was es mit den Kostenrechnungssystemen auf sich hat. Nun widmet er sich dem Prinzip der Kostenverrechnung.

4.3 Prinzip der Kostenverrechnung

Im Rahmen der *Kostenverrechnung* unterscheidet man zwischen dem Tragfähigkeitsprinzip, dem Durchschnittsprinzip und dem Verursachungsprinzip, wie Carlo nach seiner Internetrecherche zusammenfasst.

Tragfähigkeitsprinzip Das *Tragfähigkeitsprinzip* sieht vor, die (Gemein-)kosten nach *Tragfähigkeit* auf die zu veräußernden Güter zu überwälzen. Dabei werden den hochpreisigen Gütern höhere Anteile an den Gemeinkosten zugeordnet, den günstigeren Produkten ein niedrigerer Anteil.

Von diesem Prinzip hat Sommerweizen schon oft gehört. Vor kurzem unterhielt er sich mit einem Unternehmer, welcher kleine und größere Antriebsmotoren produziert. Dieser erklärte ihm, dass ein teures Erzeugnis (großer Antriebsmotor) den größten Anteil an den Gemeinkosten trägt, während die kleinen Motoren lediglich einen geringeren Anteil zu stemmen haben.

Durchschnittskostenprinzip Mit Hilfe des *Durchschnittskostenprinzips* werden die Gemeinkosten gleichmäßig verteilt. Dies geschieht, indem die Kosten addiert und durch die Anzahl der hergestellten Güter/Leistungen geteilt (dividiert) werden.

Verursachungsprinzip Das Verursachungsprinzip sieht vor, die Kosten nach Verursachung zu verteilen. Das bedeutet, dass die Kosten genau dem Kostenträger zugeordnet werden, die dieser verursacht hat.

Sommerweizen liest weiter, dass es noch weitere Definitionen hinsichtlich des Verursachungsprinzips gibt. Allerdings verzichtet er auch hier auf die weitere Betrachtung, da dies den Rahmen seines Selbststudiums sprengen würde.

4.4 Wichtige Definition

Beschäftigungsabhängige Kosten	Beschäftigungsabhängige sind sogenannte variable Kosten, die abhängig von der produzierten Menge (Beschäftigungsmenge) sind. Beispiele: Rohstoffkosten, Fertigungslöhne
Beschäftigungsunabhängige Kosten	Beschäftigungsunabhängige sind Fixkosten, die unabhängig von der produzierten Menge (Beschäftigungsmenge) sind. Beispiele: Miete, Versicherungsbeiträge
Durchschnittskostenprinzip	*Durchschnittskostenprinzips* werden die Gemeinkosten gleichmäßig verteilt. Dies geschieht, indem die Kosten addiert und durch die Anzahl der hergestellten Güter/Leistungen geteilt (dividiert) werden
Einzelkosten	Kosten, die dem Kostenträger direkt und einzeln zugeordnet werden können. Beispiel: Rohstoffe
Fixe Kosten (auch: Fixkosten)	Kosten, welche über einen bestimmten Zeitraum konstant bleiben und beschäftigungsunabhängig (d. h. unabhängig von der Anzahl der produzierten Güter oder Dienstleistungen) sind. Beispiele: Miete, Versicherungsbeiträge
Gemeinkosten	Kosten, die dem Kostenträger nur mittels Zuschlagssatz zugeordnet werden können. Eine einzelne, direkte Zuordnung ist nicht möglich. Beispiel: Energiekosten
Kostenträger	Dienstleistungen oder Erzeugnisse, die Kosten verursachen und diese auch tragen müssen. Beispiel: Erzeugnis, erbrachte Dienstleistung
Teilkosten	Im Rahmen der Teilkostenrechnung werden Teilkosten in Form von Einzelkosten dem Kostenträger direkt und einzeln zugeordnet.
Tragfähigkeitsprinzip	Das *Tragfähigkeitsprinzip* sieht vor, die (Gemein-)kosten nach *Tragfähigkeit* auf die zu veräußernden Güter zu überwälzen.
variable Kosten	Kosten, die beschäftigungsabhängig sind und sich mit der Höhe der produzierten Menge verändern.
Verursachungsprinzip	Das Verursachungsprinzip sieht vor, die Kosten nach Verursachung zu verteilen. Das bedeutet, dass

	die Kosten genau dem Kostenträger zugeordnet werden, die dieser verursacht hat.
Vollkosten	Mit Vollkosten bezeichnet man in der Kostenrechnung die Kombination von Einzel- und Gemeinkosten.

4.5 Zusammenfassende Lernkontrolle

Die folgenden Fragen und Übungen helfen das neu erlernte oder aufgefrischte Fachwissen zu vertiefen und zu festigen.

4.5.1 Kontrollfragen

1. In welche *Teilbereiche* kann die Kostenrechnung unterteilt werden?
2. Welcher Teilbereich geht der Frage nach, *wo* die Kosten im Unternehmen entstanden sind?
3. Nennen Sie bitte einen anderen Begriff als *Kostenträger*.
4. Wozu benötigt man z. B. in der Kostenrechnung die *Teilkostenrechnung*?
5. Wie ermittelt sich rechnerisch der *Deckungsbeitrag*? (Bitte nur die einfache Berechnung des Deckungsbeitrags I darstellen.)
6. Nennen Sie bitte 2 klassische *Kostenrechnungssysteme*.
7. Was verstehen Sie unter *Target Costing*?
8. Gehört die *Prozesskostenrechnung* zu den modernen oder klassischen Kostenrechnungssystemen?
9. Was versteht man in der Kostenrechnung unter dem *Verursacherprinzip*?
10. Welche 2 weiteren Prinzipien zur *Kostenverrechnung* fallen Ihnen neben dem Verursacherprinzip ein?

4.5.2 Lösungen zu den Kontrollfragen

1. Kostenarten-, Kostenstellen- und Kostenträgerrechnung
2. Kostenstellenrechnung
3. Kostenverursacher
4. Man benötigt die Teilkostenrechnung z. B. zur Ermittlung des Deckungsbeitrags.
5. Erlöse abzüglich variable Kosten = Deckungsbeitrag (auch: kurzfristige Preisuntergrenze)

4.5 Zusammenfassende Lernkontrolle

6. Kostenrechnung nach Zeitbezug und Kostenrechnung nach sachlichem Umfang
7. Target Costing steht für Zielkostenrechnung. Die am Markt erzielbaren Umsätze gelten als Kalkulationsgrundlage für die betriebsinterne Kostenrechnung (retrograde Betrachtung).
8. Die Prozesskostenrechnung gehört zu den modernen Kostenrechnungssystemen.
9. Das Verursachungsprinzip sieht vor, die Kosten nach Verursachung zu verteilen. Das bedeutet, dass die Kosten genau dem Kostenträger zugeordnet werden, die dieser verursacht hat.
10. Tragfähigkeitsprinzip und Durchschnittskostenprinzip

4.5.3 Übungen

1. Bitte entscheiden Sie bei den nachfolgenden Aussagen, ob diese richtig oder falsch sind und kreuzen Sie bitte zutreffend an:

Fragen zu Kap. 4 „Richtig oder Falsch" (Aufgabe 1)

Nr.	Aussage	Richtig	Falsch
1.	Die Kostenrechnung ist aufgeteilt in das interne und externe Rechnungswesen.		
2.	Die Kostenrechnung gehört zum Teilbereich des internen Rechnungswesens.		
3.	Die Kostenrechnung gehört zum Teilbereich des externen Rechnungswesens.		
4.	Es gibt eine Aufteilung der Kostenrechnung in die Kostenarten-, Kostenstellen- und Kostenträgerrechnung.		
5.	Die Kostenartenrechnung geht der Frage nach, wo die Kosten im Betrieb verursacht wurden.		
6.	Die Kostenstellenrechnung ist reine Erfindung der Autorin.		
7.	Target Costing steht für versteckte Kosten.		
8.	Die Prozesskostenrechnung gehört zu den modernen Kostenrechnungssystemen.		
9.	Bei der Prozesskostenrechnung handelt es sich um eine nahezu realistische Betrachtungsweise, die eine verursachungsgerechte, prozessorientierte Zuordnung von Kosten zulässt.		
10.	Alle Vorgänge in der Kostenrechnung müssen per Beleg nachgewiesen werden.		

2. Im Rahmen der Vollkostenrechnung schaut sich Sommerweizen nochmal eine Aufgabe an. Soll er den Auftrag annehmen? Bitte berechnen Sie nachvollziehbar und beachten Sie die nachfolgende Hintergrundinformation:

Hintergrundinformation:
Bei der *Vollkostenrechnung* werden sämtliche fixe und variable bzw. alle Einzel- und Gemeinkosten auf den Kostenträger verrechnet. Ziel ist die Ermittlung der Selbstkosten pro Einheit und pro Betrachtungsperiode.

Sachverhalt zur Aufgabe 2 „Vollkostenrechnung"

Unternehmer Werth produziert spezielle Zubehörteile für Pkw. Sommerweizen fragt an, ob er für seine Autoreparaturwerkstatt ein bestimmtes Zubehörteil produzieren kann, wenn er bereit ist, hierfür pro Stück 30,00 EUR zu zahlen.

Dem Produzenten fallen folgende Kosten an: Fertigungsmaterial (pro Stück) 2,00 EUR, Fertigungseinzelkosten (pro Stück) 12,00 EUR, 10 % Materialgemeinkosten und 14 % Fertigungsgemeinkosten, Kosten für Verwaltung und Vertrieb 15 %.

Lohnt sich der Auftrag von Sommerweizen für Unternehmer Werth?

Dieser rechnet aus:

Ermittlung Ergebnis auf Vollkostenbasis zu Aufgabe 2

	EUR	EUR
Materialeinzelkosten		
+ Materialgemeinkosten		
= Materialkosten (gesamt)		
Fertigungseinzelkosten		
+ Fertigungsgemeinkosten		
= Fertigungskosten (gesamt)		
Herstellkosten		
+ Vertriebs- und Verwaltungskosten		
Selbstkosten		
./. Erlöse		
= ???		

4.5 Zusammenfassende Lernkontrolle

3. Im Rahmen der Vollkostenrechnung schaut sich Sommerweizen eine weitere Aufgabe an. Soll er auch diesen Auftrag annehmen? Bitte berechnen Sie nachvollziehbar.

Sachverhalt zur Aufgabe 3 „Vollkostenrechnung"

Unternehmer Werth produziert spezielle Zubehörteile für Pkw. Sommerweizen fragt an, ob er für seine Autoreparaturwerkstatt ein bestimmtes Zubehörteil produzieren kann, wenn er bereit ist, hierfür pro Stück 10,00 EUR zu zahlen.

Dem Produzenten fallen folgende Kosten an: Fertigungsmaterial (pro Stück) 2,00 EUR, Fertigungseinzelkosten (pro Stück) 12,00 EUR, 10 % Materialgemeinkosten und 14 % Fertigungsgemeinkosten, Kosten für Verwaltung und Vertrieb 15 %.

Lohnt sich der Auftrag von Sommerweizen für Unternehmer Werth?

Dieser rechnet aus:

Ermittlung Ergebnis auf Vollkostenbasis zu Aufgabe 3

	EUR	EUR

4.5.4 Lösungen zu den Übungen

1. Lösung zu Fragen „Richtig oder Falsch"

Fragen zu Kap. 4 „Richtig oder Falsch" (Aufgabe 1)

Nr.	Aussage	Richtig	Falsch
1.	Die Kostenrechnung ist aufgeteilt in das interne und externe Rechnungswesen.		X
2.	Die Kostenrechnung gehört zum Teilbereich des internen Rechnungswesens.	X	
3.	Die Kostenrechnung gehört zum Teilbereich des externen Rechnungswesens.		X
4.	Es gibt eine Aufteilung der Kostenrechnung in die Kostenarten-, Kostenstellen- und Kostenträgerrechnung.	X	
5.	Die Kostenartenrechnung geht der Frage nach, wo die Kosten im Betrieb verursacht wurden.		X
6.	Die Kostenstellenrechnung ist reine Erfindung der Autorin.		X
7.	Target Costing steht für versteckte Kosten.		X
8.	Die Prozesskostenrechnung gehört zu den modernen Kostenrechnungssystemen.	X	
9.	Bei der Prozesskostenrechnung handelt es sich um eine nahezu realistische Betrachtungsweise, die eine verursachungsgerechte, prozessorientierte Zuordnung von Kosten zulässt.	X	
10.	Alle Vorgänge in der Kostenrechnung müssen per Beleg nachgewiesen werden.		X

2. Im Rahmen der Vollkostenrechnung schaut sich Sommerweizen nochmal eine Aufgabe an. Soll er den Auftrag annehmen? Bitte berechnen Sie nachvollziehbar und beachten Sie die nachfolgende Hintergrundinformation:

Hintergrundinformation:
Bei der *Vollkostenrechnung* werden sämtliche fixe und variable bzw. alle Einzel- und Gemeinkosten auf den Kostenträger verrechnet. Ziel ist die Ermittlung der Selbstkosten pro Einheit und pro Betrachtungsperiode.

Lösung zu Aufgabe 2 „Vollkostenrechnung"

Unternehmer Werth produziert spezielle Zubehörteile für Pkw. Sommerweizen fragt an, ob er für seine Autoreparaturwerkstatt ein bestimmtes Zubehörteil produzieren kann, wenn er bereit ist, hierfür pro Stück 30,00 EUR zu zahlen.

4.5 Zusammenfassende Lernkontrolle

Dem Produzenten fallen folgende Kosten an: Fertigungsmaterial (pro Stück) 2,00 EUR, Fertigungseinzelkosten (pro Stück) 12,00 EUR, 10 % Materialgemeinkosten und 14 % Fertigungsgemeinkosten, Kosten für Verwaltung und Vertrieb 15 %.
Lohnt sich der Auftrag von Sommerweizen für Unternehmer Werth?
Dieser rechnet aus:

Ermittlung Ergebnis auf Vollkostenbasis zu Aufgabe 2

	EUR	EUR
Materialeinzelkosten	2,00	
+ Materialgemeinkosten (10 % von 2,00 EUR)	0,20	
= Materialkosten (gesamt)		2,20
Fertigungseinzelkosten	12,00	
+ Fertigungsgemeinkosten (14 % von 12,00 EUR)	1,68	
= Fertigungskosten (gesamt)		13,68
Herstellkosten		**15,88**
+ Vertriebs- und Verwaltungskosten (15 % von 15,88 EUR)		2,38
Selbstkosten		**18,26**
./. Erlöse		./. 30,00
= Gewinn		**11,74**

Beispiel: Vollkostenrechnung – Fortsetzung –

Da Unternehmer Werth nach oben dargestellter Berechnung auf Vollkostenbasis einen Gewinn in Höhe von 11,74 EUR pro produziertes Zubehörteil erzielen würde, ist ihm die Annahme des Auftrages durch den Autohausinhaber Sommerweizen zu empfehlen.

3. Im Rahmen der Vollkostenrechnung schaut sich Sommerweizen eine weitere Aufgabe an. Soll er auch diesen Auftrag annehmen? Bitte berechnen Sie nachvollziehbar.

Lösung zu Aufgabe 3 „Vollkostenrechnung"

Unternehmer Werth produziert spezielle Zubehörteile für Pkw. Sommerweizen fragt an, ob er für seine Autoreparaturwerkstatt ein bestimmtes Zubehörteil produzieren kann, wenn er bereit ist, hierfür pro Stück 10,00 EUR zu zahlen.

Dem Produzenten fallen folgende Kosten an: Fertigungsmaterial (pro Stück) 2,00 EUR, Fertigungseinzelkosten (pro Stück) 12,00 EUR, 10 % Materialgemeinkosten und 14 % Fertigungsgemeinkosten, Kosten für Verwaltung und Vertrieb 15 %.

Lohnt sich der Auftrag von Sommerweizen für Unternehmer Werth?

Dieser rechnet aus:

Ermittlung Ergebnis auf Vollkostenbasis zu Aufgabe 3

	EUR	EUR
Materialeinzelkosten	2,00	
+ Materialgemeinkosten (10 % von 2,00 EUR)	0,20	
= Materialkosten (gesamt)		2,20
Fertigungseinzelkosten	12,00	
+ Fertigungsgemeinkosten (14 % von 12,00 EUR)	1,68	
= Fertigungskosten (gesamt)		13,68
Herstellkosten		**15,88**
+ Vertriebs- und Verwaltungskosten (15 % von 15,88 EUR)		2,38
Selbstkosten		**18,26**
./. Erlöse		./. 10,00
= Verlust		**8,26**

Beispiel: Vollkostenrechnung – Fortsetzung –

Da Unternehmer Werth nach oben dargestellter Berechnung auf Vollkostenbasis einen Verlust in Höhe von 8,26 EUR pro produziertes Zubehörteil erzielen würde, ist ihm die Annahme des Auftrages durch den Autohausinhaber Sommerweizen *nicht* zu empfehlen.

Kostenartenrechnung 5

> **Zusammenfassung**
>
> Carlo Sommerweizen beschäftigt sich nun mit der *Kostenartenrechnung*, insbesondere mit dem Ziel und den unterschiedlichen Kostenbegriffen. Er weiß, dass dieser Teilbereich eigentlich keine sogenannte „Rechnung" im herkömmlichen Sinne ist, betrachtet aber sehr konzentriert die Definitionen der relevanten Kostenmerkmale. Die Maschinenstundensätze und auch den Break-Even-Point hat er ebenfalls mit auf die Lernagenda gesetzt. Im Anschluss dieses Kapitels wird Sommerweizen – wie immer – seine Kenntnisse mit Übungsfragen und -aufgaben vertiefen und festigen.

Carlo Sommerweizen beschäftigt sich in diesem Kapitel mit dem Teilbereich der *Kostenartenrechnung*. Er weiß, dass dieser Teilbereich eigentlich keine sogenannte „Rechnung" im herkömmlichen Sinne ist, betrachtet aber sehr konzentriert die Definitionen der relevanten Kostenmerkmale. Die Maschinenstundensätze und auch den Break-Even-Point hat er ebenfalls mit auf die Lernagenda gesetzt. Im Anschluss dieses Kapitels wird Sommerweizen – wie immer – seine Kenntnisse mit Übungsfragen und -aufgaben vertiefen und festigen.

Zunächst stellt er sich die Frage, welches Ziel bzw. welche Aufgabe die Kostenartenrechnung hat.

5.1 Ziel der Kostenartenrechnung

Der motivierte Unternehmer schaut sich einige Zielsetzungen/Aufgaben der *Kostenartenrechnung* an. Einen Anspruch auf Vollständigkeit erhebt Sommerweizen hierbei nicht. Ihm genügt ein Überblick hinsichtlich Sinn und Zweck dieses Teilbereichs.

Basis von Kostenträger- und Kostenstellenrechnung Mit Hilfe der Kostenartenrechnung soll es möglich werden, dem *Kostenträger* und den *Kostenstellen* die angefallenen Kosten verursachungsgerecht zuordnen zu können. Hierfür müssen zunächst sämtliche Kosten erfasst werden, die dann später z. B. mittels Betriebsabrechnungsbogen (BAB) verteilt werden. Die Kostenartenrechnung ist die Basis für die Kostenträger- und Kostenstellenrechnung.

Kostenkontrolle Durch die Erfassung sämtlich angefallener Kosten besteht die Möglichkeit einer besseren Übersicht und somit einer effektiven *Kostenkontrolle*. Unnötige Kosten in einzelnen Betriebsbereichen (z. B. Material- oder Vertriebsbereich) können hierdurch eingeschränkt oder sogar vermieden werden.

Kurzfristige Erfolgsrechnung Mit Hilfe der Kostenartenrechnung kann ein *kurzfristiges Betriebsergebnis* ermittelt werden, indem man den Kosten die jeweiligen Leistungen gegenüberstellt.

Basis für relevante unternehmerische Entscheidungen Sommerweizen liest abschließend, dass sämtliche Kosten, die geordnet erfasst und ausgewertet bzw. analysiert werden, eine anstehende wichtige unternehmerische Entscheidung beeinflussen können. Sie sind eine wichtige Basis für kaufmännisch vernünftiges Handeln durch den Entscheidungsträger im Unternehmen.

Nun widmet er sich den Kostenbegriffen und –arten.

5.2 Kostenbegriffe und Kostenarten

Es gibt zahlreiche *Kostenarten*. Bevor sich Carlo Sommerweizen nun den einzelnen Kategorien widmet, schaut er sich einige wichtige *Begriffe* der Kostenrechnung an. Die Kenntnis hinsichtlich der relevanten Begrifflichkeiten sind wichtig, um die nachfolgenden Ausführungen besser verstehen zu können.

5.2.1 Wichtige Kostenbegriffe

Sommerweizen widmet sich einigen wichtigen *Kostenbegriffen*, die für das Verständnis der Kostenartenrechnung wichtig sind:

5.2 Kostenbegriffe und Kostenarten

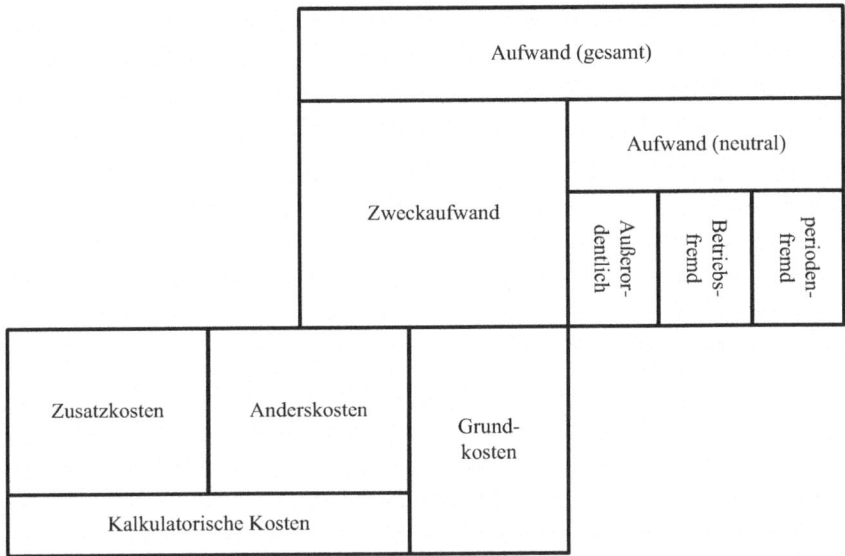

Carlo sieht sich die Definition der einzelnen Kostenbegriffe aus vorgenanntem Schaubild kurz an:

Gesamte Aufwendungen Die *gesamten Aufwendungen* werden unterteilt in neutraler Aufwand und Zweckaufwand. Diese Begriffe werden im Folgenden erläutert.

Neutraler Aufwand Als *neutralen Aufwand* bezeichnet man solche Beträge, die entweder

- periodenfremd (außerhalb der betrachteten Abrechnungsperiode)
- außerordentlich (nicht zum Tagesgeschäft gehörend, unvorhergesehen) oder
- betriebsfremd (nicht zum Betriebszweck zugehörig) sind.

Beispiele:

- Steuernachzahlung (periodenfremder Aufwand),
- Verluste bei Verkauf von Anlagegütern (außerordentlicher Aufwand),
- Kosten für ein zum Betriebsvermögen gehörendes (brachliegendes) Grundstück, welches nicht zur Leistungserstellung verwendet wird (betriebsfremde Aufwendungen)

Zweckaufwand Als *Zweckaufwand* werden die Beträge bezeichnet, die auf den betrieblichen Zweck ausgerichtet sind. Sie werden direkt aus der Buchführung in die Kostenrechnung übernommen.
Beispiele: Fertigungslöhne, Materialkosten, Mietaufwendungen

Grundkosten *Grundkosten* sind aufwandsgleiche Kosten und entsprechen dem betragsmäßigen Werteverzehr, der aus der GuV (Gewinn- und Verlustrechnung) zu entnehmen ist.
Beispiele: Rohstoffe, Versicherungsbeiträge, Fertigungslöhne

Kalkulatorische Kosten Die *kalkulatorischen Kosten* lassen sich unterteilen in Anders- und Zusatzkosten, welche weiter unten näher erläutert werden. Kalkulatorische Kosten erscheinen niemals in der Finanzbuchführung, sondern nur in der Kostenrechnung. Hierzu zählen z. B. kalkulatorische Miete, kalkulatorische Zinsen, kalkulatorischer Unternehmerlohn. Weitere Erläuterungen und Beispiele finden Sie hier: Abschn. 5.2.2.6 Kosten nach Erfassung

Anderskosten Bei den *Anderskosten* handelt es sich um Beträge, welche nicht aufwandsgleich sind. Sie werden im Rahmen der Kalkulation in anderer Höhe berücksichtigt als in der Finanzbuchführung.
Beispiele: kalkulatorische Abschreibungen, kalkulatorische Zinsen

Zusatzkosten *Zusatzkosten* sind wie die Anderskosten Teil der kalkulatorischen Kosten. Es werden Kosten in der Kalkulation berücksichtigt, die in der Finanzbuchführung nicht zu finden sind.
Beispiele: kalkulatorischer Unternehmerlohn, kalkulatorische Miete

5.2.2 Kosten nach unterschiedlichen Gesichtspunkten

Carlo Sommerweizen nimmt sich ein Lehrbuch und sieht sich interessiert die Auflistung einiger möglicher Kostenarten an:
Aufgezählt werden hier

- Kosten nach betrieblicher Funktion (z. B. Beschaffungs- oder Vertriebskosten) Abschn. 5.2.2.1
- Kosten nach verbrauchter Produktionsfaktoren (z. B. Personal- und Materialkosten) Abschn. 5.2.2.2

5.2 Kostenbegriffe und Kostenarten

- Kosten nach *Verrechnung* (Einzel- und Gemeinkosten) Abschn. 5.2.2.3
- Kosten nach *Beschäftigungsabhängigkeit* (fix und variabel) Abschn. 5.2.2.4
- Kosten nach *Leistungsbeziehungen* (primär und sekundär) Abschn. 5.2.2.5
- Kosten nach *Erfassung* (aufwandsgleiche und kalkulatorische Kosten) Abschn. 5.2.2.6
- Kosten nach *Zeitbezug* (Istkosten, Normalkosten, Plankosten) Abschn. 5.2.2.7
- Kosten nach *Sachumfang* (Vollkosten, Teilkosten) Abschn. 5.2.2.8

Diesen Kostenarten möchte sich Carlo Sommerweizen nun im Detail widmen und beginnt mit der Kostenbetrachtung hinsichtlich betrieblicher Funktion.

5.2.2.1 Kosten nach betrieblicher Funktion
Kosten lassen sich zum Beispiel nach *Beschaffungs-*, *Fertigungs-*, *Verwaltungs-* und *Vertriebskosten* unterscheiden. Sie werden also nach der jeweiligen *betrieblichen Funktion* kategorisiert.

5.2.2.2 Kosten nach verbrauchter Produktionsfaktoren
Kosten lassen sich auch nach *verbrauchten Produktionsfaktoren* zusammenstellen. So gehören beispielsweise die Kosten für das Personal (*Personalkosten*) zu den Kosten, die dem Produktionsfaktor Arbeit zuzuordnen sind.

Materialkosten fallen an für den betriebswirtschaftlichen Produktionsfaktor Werkstoff. Hierzu zählen alle (Roh-)Stoffe, die für die Herstellung von Erzeugnissen benötigt werden.

Sommerweizen sieht, dass in seinem Lehrbuch noch weitere Beispiele aufgeführt sind. Hierzu zählen:

- Kosten für Betriebsmittel
- Kosten für Dienst-/Fremdleistungen
- Kosten für Steuern u.v.m.

5.2.2.3 Kosten nach Verrechnung
Bei den *Kosten nach Verrechnung* unterscheidet die Kostenrechnung zwischen *Einzel-* und *Gemeinkosten*. Sommerweizen liest sich hierzu die Definition mit Beispielen im Lehrbuch durch:

Einzelkosten Bei *Einzelkosten* handelt es sich um Kosten, die dem Kostenträger oder der Kostenstelle direkt zugeordnet werden können. Die Einzelkosten werden daher je nach Zuordnung unterschieden in

- Kostenträgereinzelkosten und
- Kostenstelleneinzelkosten.

Beispiele für *Kostenträgereinzelkosten* sind: Materialeinzelkosten (z. B. Rohstoff), Fertigungseinzelkosten (z. B. Fertigungslohn), Sondereinzelkosten des Vertriebs (z. B. spezielle Verpackung).

Beispiel für *Kostenstelleneinzelkosten*: Gehalt des Werkstattleiters (dieses ist der Kostenstelle Werkstatt direkt zuzuordnen).

Gemeinkosten Unter *Gemeinkosten* versteht die Kostenrechnung Kosten, die dem Kostenträger bzw. der Kostenstelle nicht direkt zuzuordnen sind. Sie werden zunächst auf die betreffenden Kostenstellen verteilt und hierüber dann auf den Kostenträger verrechnet. Die Verrechnung erfolgt über einen Verteilungsschlüssel. Sie werden auch als *echte Gemeinkosten* bezeichnet.

Auch hier unterscheidet man zwischen *den* Kosten, die auf einen Kostenträger verrechnet werden (*Kostenträgergemeinkosten*) und *den* Kosten, die der Kostenstelle zuzuordnen sind (*Kostenstellengemeinkosten*).

Beispiele für *Kostenträgergemeinkosten*: Energiekosten, Steuern, Beiträge (Diese Kosten können dem Kostenträger nur mittels Schlüssel zugeordnet werden. Eine direkte Zuordnung ist nicht möglich.)

Beispiel für *Kostenstellengemeinkosten*: Instandhaltungskosten des Betriebsgebäudes, Gehalt eines Betriebsleiters (Diese Kosten lassen sich lediglich mittels Verteilungsschlüssel auf die jeweiligen Kostenstellen verteilen. Eine direkte Zuordnung ist nicht möglich.)

Darüber hinaus sind noch die *unechten Gemeinkosten* zu nennen.

Unechte Gemeinkosten sind solche, bei denen die detaillierte Ermittlung zwar möglich, jedoch der Erfassungsvorgang unwirtschaftlich wäre.

Beispiel zu „Unechten Gemeinkosten"

Carlos Nachbar ist Schreiner. Für jeden Schrank und jeden Stuhl, den er produziert, benötigt er eine Vielzahl an Spangen und Nägeln. Damit er diese nicht einzeln zählen/erfassen muss, behandelt er diese wie Gemeinkosten, *unechte Gemeinkosten*.

Denn: er könnte alle Schrauben und Spangen einzeln zählen. Aus *Gründen der Wirtschaftlichkeit* entscheidet er sich jedoch dafür, auf das zeitaufwändige Zählen zu verzichten und diese als unechte Gemeinkosten zu behandeln. Diese Art von Kosten werden wie die echten Gemeinkosten per Verteilungsschlüssel auf den Kostenträger verrechnet.

5.2.2.4 Kosten nach Beschäftigungsabhängigkeit

Sommerweizen liest in seinem Lehrbuch, dass bei den *Kosten nach Beschäftigungsabhängigkeit* zwischen *fixen* und *variablen* Kosten unterschieden wird. Er weiß, dass die Beschäftigungsabhängigkeit nichts mit einem Arbeitsverhältnis zu tun hat, sondern ein Begriff ist, der mit der Höhe der produzierten Menge (Ausbringungs- oder Beschäftigungsmenge) zu tun hat.

Fixe Kosten *Fixkosten* oder *fixe Kosten* sind solche Kosten, die über einen bestimmten Zeitablauf konstant sind und keiner Änderung unterliegen. Sie sind unabhängig von der produzierten Menge (Ausbringungsmenge).

Sommerweizen liest in seinem Lehrbuch, dass es sich hierbei um sogenannte *beschäftigungsunabhängige* Kosten handelt. Sie ändern sich also nicht bei Veränderung der Ausbringungsmenge.

Beispiel: Es wird in einem Monat 1.000 Stück eines Zubehörteils für Kfz produziert. Die Abschreibung der Maschine (Kapazität: 5.000 Stück pro Monat) beträgt 500,00 EUR pro Monat. Bei einer Produktionssteigerung auf 2.500 Stück pro Monat bleibt die Höhe der Abschreibung gleich. Sie, die Abschreibung gehört zu den fixen Kosten und ist beschäftigungsunabhängig. Das gleiche gilt für den Fall, dass die Ausbringungsmenge reduziert wird.

Sommerweizen liest aber auch, dass nicht nur die Darstellung pro Periode erfolgen kann, sondern auch pro Stück. Er versteht ganz schnell, dass mit zunehmender Produktionsmenge der Anteil der Fixkosten pro Stück sinkt. Dies nennt man – lt.

seinem Lehrbuch – *Fixkostendegressionseffekt*. Bei fallender Produktionsmenge steigt im Gegenzug der Fixkostenanteil pro Stück. Hierzu schaut sich Carlo Sommerweizen auch die entsprechende Graphik in seinem Lehrbuch an:

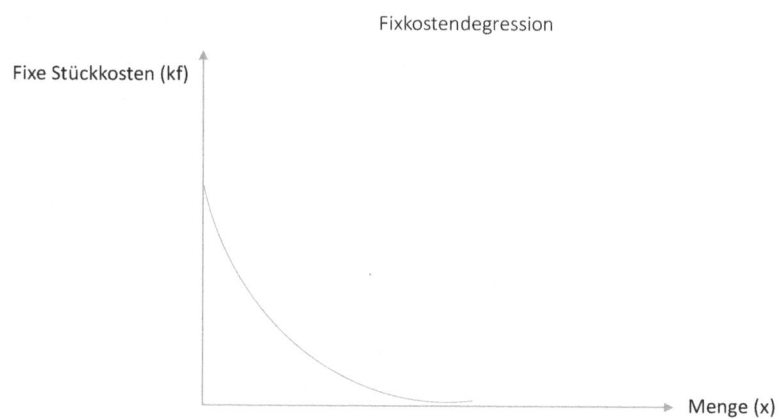

Sprungfixe Kosten Carlo Sommerweizen schaut sich auch den Bereich der *sprungfixen Kosten* an. Diese Kostenart findet man dort – so sein Lehrbuch – wo Kapazitäten (z. B. Produktionsleistung, Arbeitsleistung) quantitativ oder qualitativ verändert werden.

Bei einer *quantitativen Änderung* erfolgt beispielsweise der Kauf einer *zusätzlichen* Maschine, die für Produktionszwecke eingesetzt werden soll.

Im Rahmen einer *qualitativen Änderung* wird die alte Maschine durch eine neue (präziser produzierende) Maschine ersetzt.

In beiden vorgenannten Fällen werden sich die beschäftigungsunabhängigen, also über einen bestimmten Zeitraum konstant bleibenden, fixen Kosten sprunghaft verändern.

Dies verdeutlicht sich Carlo Sommerweizen anhand des nachfolgenden Schaubildes:

5.2 Kostenbegriffe und Kostenarten

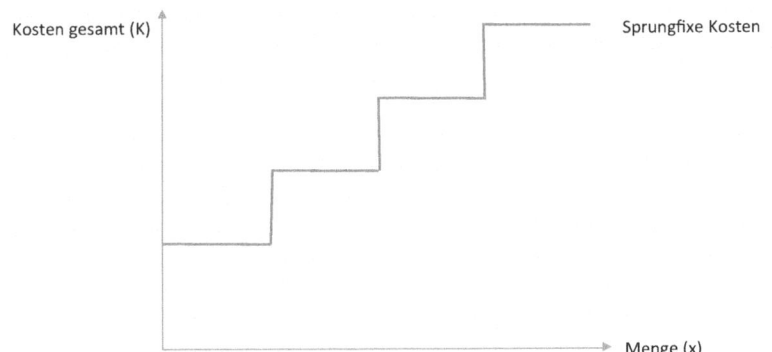

Variable Kosten Zu den *variablen Kosten* zählen diejenigen Kosten, die sich mit der Höhe der Beschäftigung (Ausbringungsmenge) verändern. Carlo Sommerweizen sieht sich auch hierzu ein Beispiel an.

Beispiel zu „Variable Kosten"

Es wird in einem Monat 1.000 Stück eines Zubehörteils für Kfz produziert. Die Rohstoffkosten belaufen sich auf 10.000,00 EUR. Bei Produktionssteigerung auf 2.000 Stück je Monat erhöhen sich die Rohstoffkosten auf 20.000,00 EUR (ohne Berücksichtigung eines Preisnachlasses durch den Lieferanten). Die Rohstoffkosten zählen somit zu den *variablen Kosten*. Ihre Höhe ändert sich mit der produzierten Menge. Rohstoffkosten sind *beschäftigungsabhängige* Kosten.

Auch dieses schaut sich Sommerweizen anhand einer stark vereinfachten Graphik an. Hier ist der Betrachtungszeitraum maßgebend.

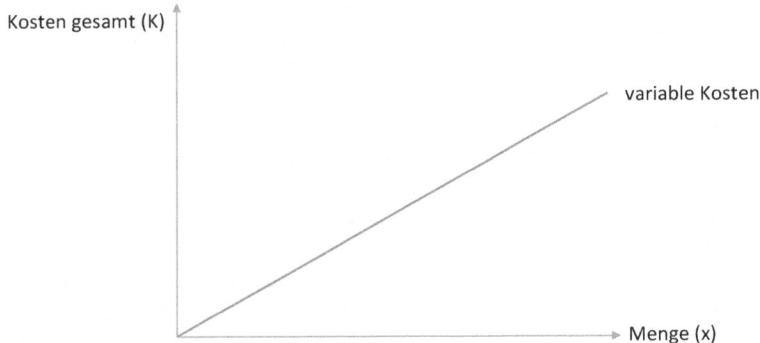

Sommerweizen liest aber auch, dass die variablen Kosten nicht nur per Betrachtungsperiode, sondern auch pro Stück ermittelt werden können, wie nachfolgendes Schaubild zeigt:

Gesamtkosten Sommerweizen liest noch abschließend im Rahmen dieser Kostenart, dass die Summe aus fixen und variablen Kosten die sogenannten Gesamtkosten darstellen.

Es gilt folgende Formel:

▶ Gesamtkosten (Kges) = Fixe Kosten (Kfix) + Variable Kosten (Kvar)

Auch diese sind graphisch nachzuvollziehen (Gesamtkosten pro Periode):

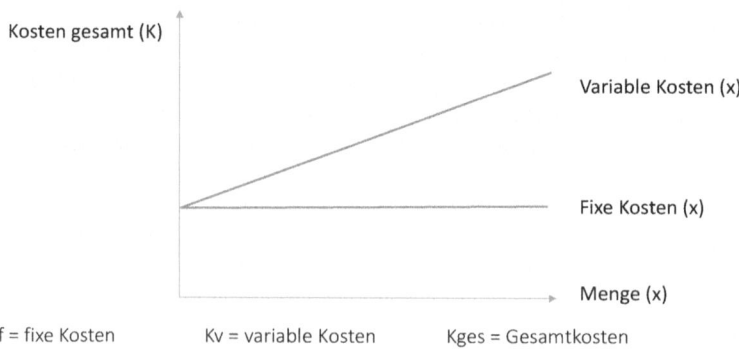

Kf = fixe Kosten   Kv = variable Kosten   Kges = Gesamtkosten

5.2 Kostenbegriffe und Kostenarten

Die Gesamtkosten pro Stück lassen sich wie folgt darstellen:

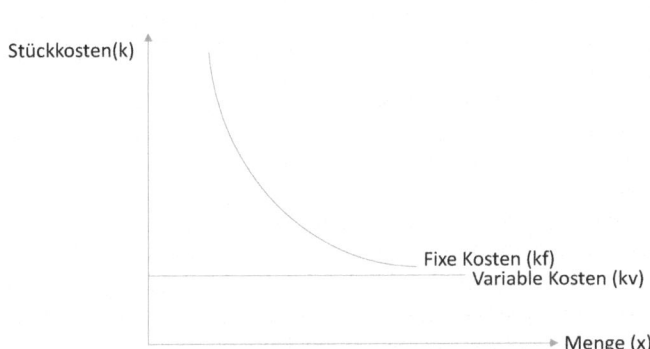

5.2.2.5 Kosten nach Leistungsbeziehungen

Sommerweizen schaut sich auch das Kapitel zu den Kosten an, die nach *Leistungsbeziehung* kategorisiert werden können.

Hier wird zwischen *primären* und *sekundären* Kosten unterschieden.

Primäre Kosten *Primäre Kosten* sind solche, die aus externen Leistungsbeziehungen stammen, also von unternehmensfremden Dritten dem Unternehmen für betriebsnotwendige Belange in Rechnung gestellt wurden. Die Beträge werden aufgrund eines Belegs (z. B. einer Rechnung in der Buchführung erfasst.) Sommerweizen überlegt sich hierzu ein Beispiel und erinnert sich:

Beispiel zu „Primäre Kosten"

Beispiel: Ein Reinigungsunternehmen stellt dem Kaufmann Carlo Sommerweizen e.K. die Grundreinigung seines gesamten Autohauses mit angeschlossener Werkstatt in Rechnung. Es handelt sich um *primäre Gemeinkosten*, die nur mittels Verteilungsschlüssel auf die jeweiligen Kostenstellen verteilt werden können. Die direkte Zuordnung der Reinigungskosten ist nicht möglich.

Sekundäre Kosten *Sekundäre Kosten* sind hingegen Kosten, die aufgrund eines innerbetrieblichen Leistungsprozesses verursacht wurden. Sie werden im Gegensatz zu den primären Kosten mit Hilfe der innerbetrieblichen Leistungsverrechnung ermittelt.

> **Beispiel zu „Sekundäre Kosten"**
>
> Ein Mechatroniker des Autohandels Carlo Sommerweizen e.K. repariert die Beule des Firmenfahrzeugs, welches vom Kunden für Probefahrten genutzt wird. Es handelt sich hierbei um *sekundäre Kosten*, die durch die Reparatur des Mechatronikers verursacht werden. Die Höhe der Kosten lässt sich lediglich über die innerbetriebliche Leistungsverrechnung ermitteln.

5.2.2.6 Kosten nach Erfassung

Sommerweizen kommt nun zur für ihn letzten Kostenart. Er weiß, dass man in der Kostenrechnung noch mehr Arten differenzieren kann, jedoch verzichtet er aus zeitlichen Gründen hierauf. Schließlich möchte er sich zunächst lediglich die Grundlagen der Kostenrechnung aneignen.

Er liest in seinem Lehrbuch, dass bei dieser Kostenart zwischen *aufwandsgleichen* und *kalkulatorischen* Kosten unterschieden wird.

5.2.2.6.1 Aufwandsgleiche Kosten

Zu den *aufwandsgleichen Kosten* (Teil der Gesamtkosten) zählen all diejenigen Beträge, die identisch mit Art und Höhe der Kosten (Aufwand) in der Buchführung (Gewinn- und Verlustrechnung) sind.

> **Beispiel zu „Aufwandsgleiche Kosten"**
>
> Der Fertigungslohn wird sowohl in der Kostenrechnung als auch in der Finanzbuchführung in gleicher Höhe berücksichtigt.

5.2.2.6.2 Kalkulatorische Kosten

Kalkulatorische Kosten sind hingegen interne Kosten, die nicht in der Buchhaltung zu finden sind. Sie werden bei der Kostenkalkulation berücksichtigt und unterstützen den Unternehmer kaufmännisch vernünftige Entscheidungen zu treffen.

Zu den kalkulatorischen Kosten gehören

- Kalkulatorische Wagnisse
- Kalkulatorische Abschreibungen
- Kalkulatorische Miete
- Kalkulatorischer Unternehmerlohn
- Kalkulatorische Zinsen

5.2 Kostenbegriffe und Kostenarten

Der motivierte Unternehmer Sommerweizen schaut sich diese Kosten mit entsprechenden Beispielen im Folgenden an:

Kalkulatorische Wagnisse In jedem Unternehmen drohen Risiken, wie z. B. Warenschwund, Forderungsausfall, Gewährleistungsfälle. Um diese teuren Ereignisse im Eintrittsfall abzusichern, werden die sogenannten *Kalkulatorischen Wagnisse* in die Kalkulation mit einbezogen.

Zu den kalkulatorischen Wagnissen zählen z. B.

- Forderungswagnisse (möglicher Ausfall von Kundenforderungen)
- Beständewagnisse (möglicher Schwund oder Diebstahl z. B. von Vorratsvermögen)
- Entwicklungswagnisse (mögliche Fehlentwicklungen in der Forschungsphase)
- Branchenorientierte Wagnisse (mögliche ungünstige Wirtschaftsentwicklung)
- u. a.

Carlo Sommerweizen liest in seinem Lehrbuch, dass diese und auch noch weitere Risiken, die einen Unternehmer treffen können, mit einem Wagniszuschlag in der Kalkulation berücksichtigt werden. Das bedeutet, dass schlussendlich die Kosten, die bei Eintreffen einer vorgenannten Situation (z. B. Forderungsausfall) entstehen können, auf den Kaufpreis, den der Kunde zu zahlen hat, überwälzt werden.

Hierzu bedient man sich der buchhalterischen Erfahrungswerte aus den letzten Jahren. Es wird in der Regel mit einem Durchschnittsatz gearbeitet, um Schwankungen über eine bestimmte Betrachtungsperiode hinweg zu vermeiden.

Sommerweizen schaut sich ein Beispiel zum Forderungswagnis an:

Beispiel zu „Forderungswagnisse"

Unternehmer Fleißig möchte den durchschnittlichen Ausfall seiner Forderungen anhand der letzten 4 Jahre ermitteln, um diese im Rahmen seiner Kostenrechnung zu berücksichtigen.

Denn: die anderen Kunden zahlen für den Ausfall einzelner Forderungen mit.

Er stellt folgende Liste auf:

Tabelle zur Ermittlung des Forderungsausfalls (Forderungswagnisse)

Jahr 01–05	Ausfall/EUR	%
Jahr 01: 100.000,00 EUR (Gesamtforderung)	3.000,00	3.000€/100.000€ = 3
Jahr 02: 110.000,00 EUR (Gesamtforderung)	2.200,00	2.200€/110.000€ = 2
Jahr 03: 108.000,00 EUR (Gesamtforderung)	2.160,00	2.160€/108.000€ = 2
Jahr 04: 150.000,00 EUR (Gesamtforderung)	2.250,00	2.250€/150.000€ = 1,5
= Summe Jahr 01–05: 468.000,00 EUR	**9.610,00**	

Beispiel zu Forderungswagnissen (Fortsetzung)

Der durchschnittliche Forderungsausfall wird ermittelt, indem die Summe der Forderungsausfälle in den betrachteten 4 Jahren (hier: 9.610,00 EUR) durch die Summe der Gesamtforderungen (hier: 468.000,00 EUR) dividiert wird.

Es gilt für vorliegendes Beispiel: (9.610,00 EUR/468.000,00 EUR) x 100 = 2,05 %

Der Forderungsausfall beträgt im Durchschnitt für die vergangenen 4 Jahre 2,05 %.

Kalkulatorische Abschreibungen *Kalkulatorische Abschreibungen* gehören zu den Anderskosten. Sie treten in der Finanzbuchführung in anderer Höhe auf als in der Kostenrechnung. Kalkulatorische Abschreibungen basieren auf Wiederbeschaffungskosten. Mit Hilfe dieser Abschreibung versucht man die zukünftige Investition (z. B. in ein Anlagegut) über den Umsatz zu finanzieren.

Zur Ermittlung des Abschreibungsbetrages werden die voraussichtlichen Wiederbeschaffungskosten durch die tatsächliche (nicht die bilanzielle) Nutzungsdauer dividiert:

▶ Wiederbeschaffungskosten/tatsächliche Nutzungsdauer = Kalkulatorischer Abschreibungsbetrag

Beispiel zu „Kalkulatorische Abschreibung"

Die aktuelle Maschine mit den ursprünglichen (tatsächlichen, per Beleg nachgewiesenen) Anschaffungskosten in Höhe von 150.000,00 EUR wird bei einer Nutzungsdauer lt. AfA-Tabelle (10 Jahre) mit 15.000,00 EUR pro Jahr *bilanziell* abgeschrieben.

5.2 Kostenbegriffe und Kostenarten

Voraussichtlich wird aber die tatsächliche Nutzungsdauer des aktuellen Anlagegutes 12 Jahre betragen. Wenn davon auszugehen ist, dass die neue Maschine, die in 12 Jahren gekauft werden soll, voraussichtlich 240.000,00 EUR (Wiederbeschaffungskosten) kosten wird, erfolgt die Berücksichtigung der *kalkulatorischen* Abschreibung in der Kalkulation mit einem Betrag in Höhe von 20.000,00 EUR (240.000,00 EUR/12 Jahre).

Kalkulatorische Miete Bei der *kalkulatorischen Miete* wird berücksichtigt, dass Eigentum unentgeltlich an das eigene Unternehmen überlassen wird, obwohl dieses gegen Entgelt hätte vermietet werden können.

Beispiel zu „Kalkulatorische Miete"

Ein Unternehmer überlässt seinem Unternehmen einen Raum seiner privaten Immobilie unentgeltlich zur Nutzung als Büro. Er verzichtet somit auf die Mieteinnahme durch einen fremden Dritten, die gezahlt worden wäre, wenn er das Büro fremdvermietet hätte. Die Höhe der kalkulatorischen Miete kann sich z. B. mittels Mietspiegel ermitteln lassen.

Kalkulatorischer Unternehmerlohn Beim *kalkulatorischen Unternehmerlohn* handelt es sich um Zusatzkosten, denen keine aufwandsgleichen Kosten gegenüberstehen. Einkalkuliert werden (mögliche) Gehaltszahlungen, die ein Unternehmer erzielen würde, stünde er mit der gleichen Tätigkeit im Arbeitsverhältnis. Diesen sogenannten kalkulatorischen Unternehmerlohn berücksichtigt er bei der Kalkulation. Da dieser Lohn/dieses Gehalt ja nicht tatsächlich gezahlt wird und der Unternehmer auch nicht im Arbeitsverhältnis steht, kann dieser Vorgang auch nicht in der Finanzbuchführung berücksichtigt werden.

Kalkulatorische Zinsen Bei den *kalkulatorischen Zinsen* handelt es sich um Zusatzkosten, da diese in der Finanzbuchführung nicht zu finden sind. Die kalkulatorischen Zinsen ermöglichen die Berücksichtigung des betriebsnotwendigen Kapitals in der Kostenrechnung.

▶ Betriebsnotwendiges Kapital x Zinssatz (kalkulatorisch) = Kalkulatorische Zinsen

Carlo Sommerweizen schaut sich hierzu ein einfaches Beispiel an, welches auf dem sogenannten Durchschnittswertverfahren basiert.

> **Beispiel zu „Kalkulatorische Zinsen anhand des Durchschnittswertverfahrens"**
>
> Eine Maschine wird mit einem Wert von 100.000,00 EUR (netto) angeschafft. Die Nutzungsdauer beläuft sich auf 10 Jahre; der Zinssatz pro Jahr soll 4 % betragen.
>
> Wie hoch sind die *kalkulatorischen Zinsen pro Jahr*, wenn man beachtet, dass bei abnutzbaren Anlagegütern der *durchschnittliche* Anschaffungswert zur Berechnung herangezogen wird?
>
> Auf den vorgenannten Sachverhalt bezogen, ergeben sich folgende Werte:

▶ Es gilt die Formel:
½ x (Anfangsbestand in € + Endbestand in €) x Zinssatz = kalkulatorische Zinsen pro Jahr

Auf den vorgenannten Sachverhalt bezogen, ergeben sich folgende Werte:

Tabelle zur Berechnung der kalkulatorischen Zinsen anhand des Durchschnittwertverfahrens

Jahr 01–10	EUR	EUR
Jahr 01: ½ x (100.000,00 EUR + 0,00 EUR) = 50.000,00 EUR; 50.000,00 EUR x 4 % =	2.000,00	
Jahr 02: 50.000,00 EUR x 4 % =	2.000,00	
Jahr 03: 50.000,00 EUR x 4 % =	2.000,00	
Jahr 04: 50.000,00 EUR x 4 % =	2.000,00	
Jahr 05: 50.000,00 EUR x 4 % =	2.000,00	
Jahr 06: 50.000,00 EUR x 4 % =	2.000,00	
Jahr 07: 50.000,00 EUR x 4 % =	2.000,00	
Jahr 08: 50.000,00 EUR x 4 % =	2.000,00	
Jahr 09: 50.000,00 EUR x 4 % =	2.000,00	
Jahr 10: 50.000,00 EUR x 4 % =	2.000,00	
= Kalkulatorische Zinsen für die Jahre 01–10		20.000,00

5.2 Kostenbegriffe und Kostenarten

> **Beispiel: Kalkulatorische Zinsen anhand des Durchschnittswertverfahrens (Fortsetzung)**
> Pro Jahr werden somit 2.000,00 EUR als kalkulatorische Zinsen in der Kostenrechnung berücksichtigt.

▶ Kalkulatorische Zinsen haben nichts mit den Fremdkapitalzinsen gemein. Die Fremdkapitalzinsen fallen tatsächlich an und werden für die Inanspruchnahme z. B. von Krediten/Darlehen gezahlt. Sie werden innerhalb der Finanzbuchführung als Aufwand ausgewiesen.

Sommerweizen liest, dass es auch noch ein weiteres Verfahren zur Ermittlung der kalkulatorischen Zinsen gibt: das Restwertverfahren. Auf diese Betrachtung verzichtet er jedoch, da ihm *ein* Berechnungsverfahren zum Verständnis ausreicht.

5.2.2.7 Kosten nach Zeitbezug

Zu den Kosten, welche nach der Kategorie *Zeitbezug* eingeteilt werden können, sind – so liest Sommerweizen in seinem Lehrbuch – die *Ist-*, *Normal-*, und *Plankosten* zu nennen. Hierzu liest er sich nun die entsprechenden Definitionen durch:

Istkosten Bei den sogenannten *Istkosten* sind Art und Höhe der Kosten genau bekannt, da diese tatsächlich angefallen sind. Hinsichtlich der Kalkulation liefern sie realistische Ergebnisse für die Vergangenheit. Allerdings besteht das Problem hinsichtlich zukunftsorientierter Kalkulationen. Hier können z. B. bei Rohstoffen (Gold, Platin etc.) starke Preisschwankungen am Markt stattfinden, die eine Kalkulation auf Istkostenbasis nahezu unbrauchbar machen. Diese Preisschwankungen sind im Vorfeld nicht vorhersehbar.

Auf den Istkosten basiert die sogenannte *Istkostenrechnung*. Sie berücksichtigt Istmengen und Istpreise.

Normalkosten Bei den *Normalkosten* handelt es sich um Istkosten auf Durchschnittsbasis. Dadurch, dass ein Durchschnitt der Istkosten ermittelt wird, werden zukünftige Preisschwankungen weitestgehend (sofern möglich) bereinigt.

Die *Normalkostenrechnung* basiert auf den Normalkosten, welche mit Hilfe der Durchschnittswerte zwar nicht alle Unwägbarkeiten in der Zukunft berücksichtigen wird, jedoch relativ realistische Werte für die Kalkulation liefern kann.

Plankosten *Plankosten* sind zukunftsorientierte Kosten. Sie berücksichtigen u. a. zukünftige Preissteigerungen und Planmengen.

Als *Plankostenrechnung* bezeichnet man das System, welches auf den zukunftsorientierten Plankosten basiert. Die tatsächlichen Kosten können stark von den Planzahlen abweichen, denn die Richtigkeit dieser Werte lässt sich erst zu einem späteren Zeitpunkt ermitteln.

5.2.2.8 Kosten nach Sachumfang

Unterteilt man die Kosten nach *Sachumfang*, kann zwischen *Voll-* und *Teilkosten* differenziert werden. Diese Definitionen liest sich Carlo Sommerweizen nochmals genau durch:

Vollkosten *Vollkosten* setzen sich zusammen aus sämtlichen fixen und variablen Kosten, die einem Kostenträger zugerechnet werden können. Gleichzeitig sind *Vollkosten* auch die Summe aller Einzel- und Gemeinkosten, welche weiterverrechnet werden.

Das Kostenrechnungssystem, welches auf den Vollkosten basiert, bezeichnet man als *Vollkostenrechnungssystem*.

Teilkosten Zu den *Teilkosten* zählen diejenigen Kosten, die dem Kostenträger direkt zugerechnet werden. Grundsätzlich zählen hierzu die Einzelkosten bzw. die variablen Kosten.

Das Kostenrechnungssystem, welches die Zurechnung der *Teilkosten* auf den Kostenträger durchführt, bezeichnet man als *Teilkostenrechnungssystem*.

5.3 Maschinenstundensätze

Der Vollständigkeit halber liest sich der motivierte Unternehmer Sommerweizen noch das Kapitel zum Thema „*Maschinenstundensätze*" durch. Dieses Kapitel bezieht sich auf die sogenannten Fertigungsgemeinkosten in Zusammenhang mit dem Einsatz von Maschinen. Hier werden die Fertigungsgemeinkosten nicht durch die Veränderung der Fertigungslöhne bestimmt, sondern durch die sogenannte Maschinenlaufzeit.

Diese sogenannten *maschinenabhängigen Fertigungsgemeinkosten* lassen sich wiederum unterscheiden in *fixe maschinenabhängige Fertigungsgemeinkosten*, *variable maschinenabhängige Fertigungsgemeinkosten* und *maschinenabhängige Mischkosten*.

5.3 Maschinenstundensätze

Bei den *fixen maschinenabhängigen Fertigungsgemeinkosten* handelt es sich um Kosten, die unabhängig von der Laufzeit der Maschine anfallen. Hierzu zählen z. B. Platzkosten, kalkulatorische Abschreibung.
Zu den *variablen maschinenabhängigen Fertigungsgemeinkosten* zählen beispielsweise die Betriebsstoffkosten. Diese variieren mit Veränderung der Maschinenlaufstunden.
Abschließend schaut sich Sommerweizen noch die *maschinenabhängigen Mischkosten* an. Hier recherchiert er, dass zu dieser Gruppe z. B. die Energiekosten (z. B. Strom oder Wasser) zählen, welche aus einem fixen Bestandteil (z. B. Zählermiete) und einem variablen Anteil (z. B. Verbrauch) zusammengesetzt sind.

Der Maschinenstundensatz errechnet sich wie folgt:

▶ Maschinenstundensatz = variable maschinenabhängige Kosten + fixe maschinenabhängige Kosten

Carlo Sommerweizen schaut sich auch hierzu ein kleines Zahlenbeispiel an, um die Theorie besser verstehen zu können.

Beispiel 1 zu „Maschinenstundensätzen"

Einer Maschine sind die nachfolgenden Kosten, die in variable und fixe maschinenabhängige Kosten unterteilt werden, zuzuordnen:

Tabelle zur Berechnung von Maschinenstundensätzen (Beispiel 1)

Maschinenabhängige Fertigungsgemeinkosten (FGK)	Kosten (gesamt)/ EUR	FGK (fix)/EUR	FGK (variabel) 100 Laufstunden/EUR	FGK (variabel pro Laufstunde)/EUR
Kalkulatorische Zinsen	100,00	100,00	0,00	0,00
Kalkulatorische Abschr.	2.000,00	2.000,00	0,00	0,00
Instandhaltungskosten	500,00	100,00	400,00	4,00
Miete (Platzkosten)	200,00	200,00	0,00	0,00
Betriebsstoffe	600,00	0,00	600,00	6,00
Summe	**3.400,00**	**2.400,00**	**1.000,00**	**10,00**

Beispiel 1 zu „Maschinenstundensätzen" (Fortsetzung)

Der Maschinenstundensatz ermittelt sich nach folgender Formel:

▶ Maschinenstundensatz = variable maschinenabhängige Kosten + fixe maschinenabhängige Kosten

Auf der Basis des vorgenannten Zahlenbeispiels und einer angenommenen Maschinenstundenlaufzeit von **100 Stunden** wird der Maschinenstundensatz wie folgt ermittelt:

Fixe maschinenabhängige FGK pro Laufstunde (2.400,00 EUR/100 Std. = 24,00)	24,00 EUR
+ variable maschinenabhängige FGK pro Laufstunde	10,00 EUR
= Maschinenstundensatz	**34,00 EUR**

Beispiel 1 zu „Maschinenstundensätzen" (Fortsetzung)

Im Rahmen der Kalkulation werden neben den Restfertigungsgemeinkosten (Fertigungsgemeinkosten, welche maschinen**un**abhängig sind) vorgenannte maschinen**ab**hängige Fertigungsgemeinkosten berücksichtigt.

Sommerweizen überlegt und folgert richtig, wie ihm sein Bekannter Gütlich versichert, dass sich bei steigenden Maschinenlaufzeiten der Maschinenstundensatz reduziert. Warum? Nun, die fixen maschinenabhängigen Kosten verteilen sich auf eine größere Stundenanzahl (Maschinenlaufzeit).

Auch hierzu liest sich der motivierte Unternehmer ein kleines Zahlenbeispiel durch:

Beispiel 2 zu „Maschinenstundensätzen"

Einer Maschine sind die nachfolgenden Kosten, die in variable und fixe maschinenabhängige Kosten unterteilt werden, zuzuordnen:

5.3 Maschinenstundensätze

Tabelle zur Berechnung von Maschinenstundensätzen (Beispiel 2)

Maschinenabhängige Fertigungsgemeinkosten (FGK)	Kosten (gesamt)/ EUR	FGK (fix)/ EUR	FGK (variabel) 200 Laufstunden/EUR	FGK (variabel pro Laufstunde)/EUR
Kalkulatorische Zinsen	100,00	100,00	0,00	0,00
Kalkulatorische Abschr.	2.000,00	2.000,00	0,00	0,00
Instandhaltungskosten	500,00	100,00	400,00	2,00
Miete (Platzkosten)	200,00	200,00	0,00	0,00
Betriebsstoffe	600,00	0,00	600,00	3,00
Summe	**3.400,00**	**2.400,00**	**1.000,00**	**5,00**

Der Maschinenstundensatz ermittelt sich nach folgender Formel:

▶ Maschinenstundensatz = variable maschinenabhängige Kosten + fixe maschinenabhängige Kosten

Auf der Basis des vorgenannten Zahlenbeispiels und einer angenommenen Maschinenstundenlaufzeit von **200 Stunden** wird der Maschinenstundensatz wie folgt ermittelt:

Fixe maschinenabhängige FGK pro Laufstunde (2.400,00 EUR/200 Std. = 12,00)	12,00 EUR
+ variable maschinenabhängige FGK pro Laufstunde (auf Basis 200,00 Std. Laufzeit)	5,00 EUR
= Maschinenstundensatz	**17,00 EUR**

Der Maschinenstundensatz reduziert sich, da sich die fixen maschinenabhängigen Fertigungsgemeinkosten auf eine längere Maschinenlaufzeit verteilen. Die variablen maschinenabhängigen Kosten werden auf der Basis der 200 Maschinenlaufstunden berücksichtigt.

Carlo Sommerweizen kann das vorgenannte Beispiel gut nachvollziehen und schaut sich abschließend noch ein Beispiel zur Erhöhung des Maschinenstundensatzes bei Reduzierung der Maschinenstundenlaufzeit an.

Beispiel 3 zu „Maschinenstundensätzen"

Einer Maschine sind die nachfolgenden Kosten, die in variable und fixe maschinenabhängige Kosten unterteilt werden, zuzuordnen:

Tabelle zur Berechnung von Maschinenstundensätzen (Beispiel 3)

Maschinenabhängige Fertigungsgemeinkosten (FGK)	Kosten (gesamt)/ EUR	FGK (fix)/EUR	FGK (variabel) 50 Laufstunden/ EUR	FGK (variabel pro Laufstunde)/EUR
Kalkulatorische Zinsen	100,00	100,00	0,00	0,00
Kalkulatorische Abschr.	2.000,00	2.000,00	0,00	0,00
Instandhaltungskosten	500,00	100,00	400,00	8,00
Miete (Platzkosten)	200,00	200,00	0,00	0,00
Betriebsstoffe	600,00	0,00	600,00	12,00
Summe	**3.400,00**	**2.400,00**	**1.000,00**	**20,00**

Beispiel 3 zu Maschinenstundensätzen (Fortsetzung)

Der Maschinenstundensatz ermittelt sich nach folgender Formel:

▶ Maschinenstundensatz = variable maschinenabhängige Kosten + fixe maschinenabhängige Kosten

Beispiel 3 zu „Maschinenstundensätzen" (Fortsetzung)

Auf der Basis des vorgenannten Zahlenbeispiels und einer angenommenen Maschinenstundenlaufzeit von 50 Stunden wird der Maschinenstundensatz wie folgt ermittelt:

Fixe maschinenabhängige FGK pro Laufstunde (2.400,00 EUR/50 Std. = 48,00)	48,00 EUR
+ variable maschinenabhängige FGK pro Laufstunde	20,00 EUR
= Maschinenstundensatz	**68,00 EUR**

Beispiel 2 zu „Maschinenstundensätzen" (Fortsetzung)

Der Maschinenstundensatz erhöht sich auf 68,00 EUR, da sich die fixen maschinenabhängigen Fertigungsgemeinkosten auf eine kürzere Maschinenlaufzeit (50 Std.) verteilen.

Carlo Sommerweizen ist sehr zufrieden mit seinem aktuellen Wissensstand. Er hat viel geschafft. Nun verabschiedet er sich in den wohlverdienten Feierabend, um sich am nächsten Tag noch mit dem Break-Even-Point und anschließenden Kontrollfragen und Übungen zu beschäftigen.

5.4 Break-Even-Point

Der *Break-Even-Point ist* dadurch gekennzeichnet, dass die Umsatzerlöse gerade alle angefallenen – fixen und variablen – Kosten decken. Dieser Punkt wird auch als Gewinnschwellenpunkt bezeichnet. Jede weitere Einheit an Erlösen ab Erreichen des Break-Even-Point führt zu einem Gewinn; jede weitere Einheit an Kosten ab Erreichen des Break-Even-Point führt zu einem Verlust. Diese Situation soll durch die nachfolgende Graphik veranschaulicht werden:

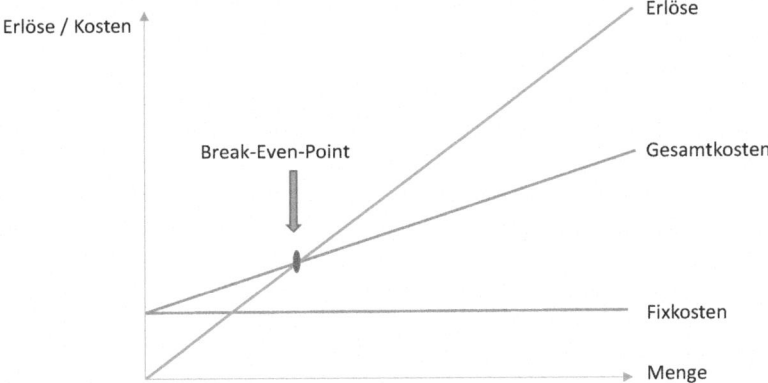

Sommerweizen schaut sich das Schaubild genau an und folgert, dass der Bereich links neben dem Break-Even-Point die Verlustzone darstellt. Rechts neben dem Gewinnschwellenpunkt, wie der Break-Even-Point auch genannt wird, befindet sich der Gewinnbereich.

Dennoch: das vorgenannte Schaubild ist lediglich eine optische Hilfestellung für die Information „auf die Schnelle". Für genaue Analysen sollte sich der Unternehmer eine detaillierte Berechnung anhand relevanter Kennziffern erstellen.

Als Carlo Sommerweizen diese Information gelesen hat, fragt er sich, wie er denn rechnerisch den Break-Even-Point ermitteln kann. Er findet in seinem Lehrbuch folgendes Beispiel:

Beispiel zur Berechnung des Break-Even-Point auf 2 Wegen

Nach Neueinstellung in das Unternehmen „Heller Leuchten GmbH", dessen Unternehmensgegenstand die Herstellung und der Vertrieb von Lampen ist, wird der Controller C gebeten, einen Beitrag zu einer unternehmerisch wichtigen Entscheidung zu liefern.

Man hat die Idee, eine zusätzliche Abteilung für die Herstellung und den Vertrieb von hochwertigen LED-Leuchten einzurichten. Auf Grund einer sorgfältigen Berechnung soll dieser neue Bereich im Kalendervierteljahr fixe Kosten in Höhe von 115.000,00 EUR verursachen. Der Einführungspreis eines hochwertigen Leuchters soll bei 1.250,00 EUR liegen. Je Verkaufseinheit wird ein Deckungsbeitrag in Höhe von 250,00 EUR erzielt.

Man stellt C die Frage, wie viele Leuchten von der zusätzlichen Abteilung produziert und veräußert werden müssten, um die fixen Kosten zu decken.

C berechnet auf zwei unterschiedlichen Wegen, was er in seiner Ausbildung erlernt hat.

Lösungsansatz Nr. 1

Jede Verkaufseinheit erzielt – lt. Sachverhalt – einen Beitrag in Höhe von 250,00 EUR zur Deckung der fixen Kosten in Höhe von insgesamt 115.000,00 EUR.

Zur Ermittlung der notwendigen Produktions- bzw. Absatzmenge zur Deckung der vorgenannten Fixkosten sind die Fixkosten durch den Deckungsbeitrag zu teilen:

115.000,00 EUR: 250,00 EUR = 460,00 Stck.

Lösungsansatz Nr. 2

Der Break-Even-Point ist dadurch gekennzeichnet, dass die Umsatzerlöse gerade sämtlich angefallenen – fixen und variablen – Kosten decken. Somit ist auch folgende Lösung denkbar:

5.5 Wichtige Definitionen

Tabelle zur Berechnung des Break-Even-Point (Beispiel)

Umsatzerlöse	=	Gesamtkosten
Preis pro verkaufter Einheit (P) x Menge (Y)	=	fixe Kosten (Kfix) + variable Kosten(Kvar) x Menge (Y)
P x Y	=	Kfix + Kvar x Y
1.250,00€ x Y	=	115.000,00€ + 1.000,00€ x Y
250,00€ x Y	=	115.000,00€
Y	=	**460 Stück**

Carlo liest in den ausführlichen Erläuterungen seines Lehrbuches:
Die variablen Kosten in Höhe von 1.000,00 EUR errechnen sich, indem vom Umsatzerlös (1.250,00 EUR) der Deckungsbeitrag (250,00 EUR) subtrahiert wird.
Ab der Produktion der 461sten Leuchte wird erstmal ein Gewinn erzielt.

Diese beiden Methoden übt Sommerweizen nach Studium dieses Kapitels in den Übungsaufgaben.

5.5 Wichtige Definitionen

Beschäftigungsabhängige Kosten	Beschäftigungsabhängige sind sogenannte variable Kosten, die abhängig von der produzierten Menge (Beschäftigungsmenge) sind. Beispiele: Rohstoffkosten, Fertigungslöhne
Beschäftigungsunabhängige Kosten	Beschäftigungsunabhängige sind Fixkosten, die unabhängig von der produzierten Menge (Beschäftigungsmenge) sind. Beispiele: Miete, Versicherungsbeiträge
Betriebsmittel	Als Betriebsmittel bezeichnet man diejenigen Anlagen, die dem Unternehmen für die Durchführung ihrer Unternehmenstätigkeit länger zur Verfügung stehen. Hierzu zählen sowohl Güter, die direkt als auch indirekt mit der Produktion der Leistung zu tun haben. Beispiele: Maschine, Betriebsgebäude, Betriebsgrundstück, Werkzeuge u.Ä.

Betriebsstoffkosten	Als Betriebsstoffkosten bezeichnet man diejenigen Kosten, im Rahmen des Produktionsvorgangs verbraucht werden, aber nicht in das Erzeugnis eingehen (z. B. Schmiermittel).
Break-Even-Point	Der Break-Even-Point wird auch als Gewinnschwellenpunkt bezeichnet. Hier sind die Erlöse gleich den Gesamtkosten.
Einzelkosten	Als Einzelkosten bezeichnet man die Beträge, welche einem Erzeugnis direkt (ohne Verwendung eines Verteilungsschlüssels) zuordnen kann. Beispiel: Rohstoffe, Fertigungslohn
Fixkosten (auch fixe Kosten)	Als Fixkosten oder auch fixe Kosten bezeichnet man diejenigen Beträge, welche über einen bestimmten Zeitraum konstant bleiben und sich nicht durch Veränderungen der Produktionsmenge in der Höhe verändern (beschäftigungsunabhängige Kosten). Beispiel: Miete, Abschreibungen
Fixkostendegressionseffekt	Beim Fixkostendegressionseffekt wird der Anteil der Fixkosten pro produzierter Einheit gesenkt.
Gemeinkosten	Zu Gemeinkosten zählen die Kosten, welche einem Erzeugnis nur mittels Verteilungsschlüssel zuzuordnen sind. Eine direkte Zuordnung ist nicht möglich. Beispiel: Energiekosten, Miete
Gewinnschwellenpunkt	Der Gewinnschwellenpunkt ist die Situation, wo Erlöse den Gesamtkosten in gleicher Höhe gegenüber stehen (siehe auch Break-Even-Point).
Maschinenabhängige Kosten	Als maschinenabhängige Kosten bezeichnet man diejenigen Kosten, welche durch den Einsatz einer Maschine im Rahmen eines Produktionsvorgangs entstehen. Eine Unterscheidung in fixe und variable maschinenabhängige Kosten sind üblich und notwendig.
Restfertigungsgemeinkosten	Als Restfertigungsgemeinkosten bezeichnet man diejenigen Kosten, welche nicht durch den Einsatz einer Maschine im Rahmen eines Produktionsvorgangs beeinflusst werden.

Variable Kosten	Als variable Kosten bezeichnet man Kosten, die sich mit der Ausbringungsmenge (Produktionsmenge) verändern. Sie bezeichnet man auch als beschäftigungsabhängige Kosten.
Werkstoffe	Zu den Werkstoffen zählen Güter, die bei der Produktion eines Erzeugnisses untergehen. Beispiele: Roh-, Hilfs- und Betriebsstoffe

5.6 Zusammenfassende Lernkontrolle

Die folgenden Fragen und Übungen helfen, das neu erlernte oder aufgefrischte Fachwissen zu vertiefen und zu festigen.

5.6.1 Kontrollfragen

1. Nennen Sie bitte *3 Aufgaben der Kostenartenrechnung*
2. Welche 3 Adjektive beschreiben die *neutralen Aufwendungen*?
3. Was bezeichnet man in der Kostenrechnung als *Grundkosten*?
4. Nennen Sie bitte 2 Arten von *Zusatzkosten*.
5. In welche beiden Kategorien lassen sich *Kosten nach Beschäftigungsabhängigkeit* unterteilen?
6. Was unterscheidet die *Einzel-* von den *Gemeinkosten*?
7. Wofür steht die Abkürzung „*BAB*"?
8. Welche Art von Kosten bringen Sie mit dem *Maschinenstundensatz* in Zusammenhang?
9. Was versteht man in der Kostenrechnung unter „*Restfertigungsgemeinkosten*"?
10. Nennen Sie bitte 2 Beispiele zu „*Restfertigungsgemeinkosten*".

5.6.2 Lösungen zu den Kontrollfragen

1. Z. B. Kostenkontrolle, kurzfristige Erfolgsrechnung, Basis für Kostenträgerrechnung
2. Betriebsfremd, periodenfremd, außerordentlich
3. Grundkosten sind aufwandsgleiche Kosten und entsprechen dem betragsmäßigen Werteverzehr, der aus der GuV zu entnehmen ist. Beispiele: Rohstoffe, Versicherungsbeiträge, Fertigungslöhne

4. Zusatzkosten sind Kosten, welche nicht in der Finanzbuchführung zu finden sind. Sie fallen „zusätzlich" an und werden im Rahmen der Kostenrechnung (Kalkulation) berücksichtigt. Beispiele: kalkulatorischer Unternehmerlohn, kalkulatorische Zinsen, kalkulatorische Miete
5. Fixe Kosten und variable Kosten
6. Einzelkosten sind z. B. einem Kostenträger direkt zuzurechnen, während die Gemeinkosten lediglich über Verteilungsschlüssel dem Kostenverursacher zugeordnet werden können.
7. Betriebsabrechnungsbogen
8. Fertigungsgemeinkosten (maschinenabhängig und maschinenunabhängig)
9. Als Restfertigungsgemeinkosten bezeichnet man diejenigen Kosten, welche nicht durch den Einsatz einer Maschine im Rahmen eines Produktionsvorgangs beeinflusst werden.
10. Z. B. Hilfslöhne, Sozialversicherungsbeiträge

5.6.3 Übungen

1. Bitte entscheiden Sie bei den nachfolgenden Aussagen, ob diese richtig oder falsch sind und kreuzen Sie bitte zutreffend an:

Fragen zu Kapitel 5 „Richtig oder Falsch" (Aufgabe 1)

Nr.	Aussage	Richtig	Falsch
1.	Fixe Kosten sind beschäftigungsabhängig.		
2.	Variable Kosten sind beschäftigungsunabhängig.		
3.	Bei der Vollkostenrechnung werden sowohl Einzel- als auch Gemeinkosten berücksichtigt.		
4.	Die Deckungsbeitragsrechnung eignet sich zur Entscheidungsfindung hinsichtlich der Annahme eines Zusatzauftrags.		
5.	Normalkosten basieren auf den Plankosten und werden in der Finanzbuchführung berücksichtigt.		
6.	Die Istkostenrechnung wird nur berücksichtigt, wenn sämtliche Belege in der Finanzbuchführung korrekt erfasst wurden.		
7.	Sekundäre Kosten findet man im Rahmen der innerbetrieblichen Leistungsverrechnung.		

5.6 Zusammenfassende Lernkontrolle

(Fortsetzung)

Nr.	Aussage	Richtig	Falsch
8.	Die Plankostenrechnung ist zukunftsorientiert.		
9.	Die kalkulatorischen Kosten finden sich in der Kostenrechnung wieder.		
10.	Aufwandsgleiche Kosten werden auch als Grundkosten bezeichnet.		

2. Welche Größe ermittelt man mit der Geschäftsbuchführung, welche mit der Betriebsbuchführung?
3. Muss jedes Unternehmen über ein externes und ein internes Rechnungswesen verfügen? Bitte begründen Sie kurz.
4. Berechnen Sie bitte die *gesamten variablen Kosten* und die *variablen Kosten pro Schrank* für nachfolgenden Sachverhalt: Klaus Herzlich (Carlos ehemaliger Klassenkamerad) stellt in seinem Unternehmen Schränke her. Insgesamt hat er im vergangenen Jahr 5.600 Erzeugnisse in seinem Werk produziert und zum Stückpreis von 560,00 EUR verkauft. Die fixen Kosten beliefen sich auf 620.000,00 EUR, der Betriebsgewinn auf 528.504,00 EUR.
5. Bitte berechnen Sie den *Maschinenstundensatz* aufgrund der nachfolgenden Tabelle bei einer Maschinenstundenlaufzeit von 1.000 Stunden.

Aufgabe 5 „Maschinenstundensatz"

Einer Maschine sind die nachfolgenden Kosten, die in variable und fixe maschinenabhängige Kosten unterteilt werden, zuzuordnen:

Tabelle zur Berechnung des Maschinenstundensatzes (Aufgabe 5)

Maschinenabhängige Fertigungsgemeinkosten (FGK)	Kosten (gesamt) /EUR	FGK (fix)/EUR	FGK (variabel) 1000 Laufstunden/EUR	FGK (variabel pro Laufstunde)/EUR
Kalkulatorische Zinsen	200,00	200,00	0,00	0,00
Kalkulatorische Abschr.	2.200,00	2.200,00	0,00	0,00
Instandhaltungskosten	1.600,00	100,00	1.500,00	1,50
Miete (Platzkosten)	150,00	150,00	0,00	0,00
Betriebsstoffe	1.800,00	0,00	1.800,00	1,80
Summe	**5.950,00**	**2.650,00**	**3.300,00**	**3,30**

6. Wie sieht das Ergebnis aus, wenn die nachfolgenden Werte der Berechnung bei einer Maschinenlaufzeit von 100 Stunden zugrunde gelegt werden?

Tabelle zur Berechnung des Maschinenstundensatzes (Aufgabe 6)

Maschinenabhängige Fertigungsgemeinkosten (FGK)	Kosten (gesamt)/ EUR	FGK (fix)/ EUR	FGK (variabel) 100 Laufstunden/EUR	FGK (variabel pro Laufstunde)/EUR
Kalkulatorische Zinsen	200,00	200,00	0,00	0,00
Kalkulatorische Abschr.	2.200,00	2.200,00	0,00	0,00
Instandhaltungskosten	1.600,00	100,00	1.500,00	15,00
Miete (Platzkosten)	150,00	150,00	0,00	0,00
Betriebsstoffe	1.800,00	0,00	1.800,00	18,00
Summe	**5.950,00**	**2.650,00**	**3.300,00**	**33,00**

7. Bitte berechnen Sie den Break-Even-Point auf 2 möglichen Wegen für nachfolgenden Sachverhalt:

Sachverhalt zur Berechnung des Break-Even-Point auf 2 Wegen (Aufgabe 7)

Nach Neueinstellung in das Unternehmen „Schneller Leuchten AG", dessen Unternehmensgegenstand die Herstellung und der Vertrieb von Lampen ist, wird der Controller U gebeten, einen Beitrag zu einer unternehmerisch wichtigen Entscheidung zu liefern.

Man hat die Idee, eine zusätzliche Abteilung für die Herstellung und den Vertrieb von hochwertigen LED-Leuchten mit neuer Technik einzurichten. Auf Grund einer sorgfältigen Berechnung soll dieser neue Bereich im Kalendervierteljahr fixe Kosten in Höhe von 120.000,00 EUR verursachen. Der Einführungspreis eines hochwertigen Leuchters soll bei 1.270,00 EUR liegen. Je Verkaufseinheit wird ein Deckungsbeitrag in Höhe von 200,00 EUR erzielt.

Man stellt U die Frage, wie viele Leuchten von der zusätzlichen Abteilung produziert und veräußert werden müssten, um die fixen Kosten zu decken.

8. Wie hoch ist der prozentuale Forderungsausfall in den vergangenen 5 Jahren?

5.6 Zusammenfassende Lernkontrolle

> **Sachverhalt zu Forderungswagnisse (Aufgabe 8)**
>
> Unternehmer Fleißig möchte den durchschnittlichen Ausfall seiner Forderungen anhand der letzten 5 Jahre ermitteln, um diese im Rahmen seiner Kostenrechnung zu berücksichtigen. Denn: die anderen Kunden zahlen für den Ausfall einzelner Forderungen mit.
>
> Er stellt folgende Liste auf:

Tabelle zur Ermittlung des Forderungsausfalls (Forderungswagnisse)

Jahr 01–05	Ausfall/EUR	%
Jahr 01: 200.000,00 EUR (Gesamtforderung)	3.000,00	
Jahr 02: 110.000,00 EUR (Gesamtforderung)	2.200,00	
Jahr 03: 108.000,00 EUR (Gesamtforderung)	2.160,00	
Jahr 04: 110.000,00 EUR (Gesamtforderung)	1.500,00	
Jahr 05: 150.000,00 EUR (Gesamtforderung)	2.250,00	
= Summe Jahr 01–05:	??	

5.6.4 Lösungen zu den Übungen

1. Folgende Lösungen sind korrekt:

Fragen zu Kap. 5 „Richtig oder Falsch" (Aufgabe 1)

Nr.	Aussage	Richtig	Falsch
1.	Fixe Kosten sind beschäftigungsabhängig.		X
2.	Variable Kosten sind beschäftigungsunabhängig.		X
3.	Bei der Vollkostenrechnung werden sowohl Einzel- als auch Gemeinkosten berücksichtigt.	X	
4.	Die Deckungsbeitragsrechnung eignet sich zur Entscheidungsfindung hinsichtlich der Annahme eines Zusatzauftrags.	X	
5.	Normalkosten basieren auf den Plankosten und werden in der Finanzbuchführung berücksichtigt.		X

(Fortsetzung)

Nr.	Aussage	Richtig	Falsch
6.	Die Istkostenrechnung wird nur berücksichtigt, wenn sämtliche Belege in der Finanzbuchführung korrekt erfasst wurden.		X
7.	Sekundäre Kosten findet man im Rahmen der innerbetrieblichen Leistungsverrechnung.	X	
8.	Die Plankostenrechnung ist zukunftsorientiert.	X	
9.	Die kalkulatorischen Kosten finden sich in der Kostenrechnung wieder.	X	
10.	Aufwandsgleiche Kosten werden auch als Grundkosten bezeichnet.	X	

2. Die Geschäfts- und die Betriebsbuchführung unterscheiden sich wie folgt:
   a. Bei der *Geschäftsbuchführung* (Finanzbuchführung) werden alle betrieblichen Geschäftsvorfälle erfasst, die das Vermögen oder das Kapital des Unternehmens verändern. Es gilt die Berechnungsformel:

   ▶ Erträge abzüglich Aufwand = Ergebnis (Gewinn oder Verlust)

   b. Innerhalb der *Betriebsbuchführung* (Kosten- und Leistungsrechnung) werden lediglich der Werteverzehr (Kosten) und die Wertzuwächse (Leistungen) erfasst, die durch die eigentliche betriebliche Tätigkeit verursacht wurden.

   ▶ Leistungen abzüglich Kosten = Betriebsergebnis

3. Das betriebliche Rechnungswesen unterteilt sich in zwei große Teilbereiche: das interne und das externe Rechnungswesen. Lediglich ein Teilbereich ist für jeden Unternehmer gesetzlich vorgeschrieben: das externe Rechnungswesen.
   a. Das *externe Rechnungswesen* basiert auf gesetzlichen Vorschriften. Das Handelsgesetzbuch (HGB) schreibt jedem Kaufmann im § 238 HGB[1] vor, dass Bücher zu führen sind. Die Abgabenordnung (AO), welche auch als „Grundgesetz der Steuergesetze" gilt, beinhaltet im § 140 AO[2] die derivative (abgeleitete) Buchführungspflicht, im § 141 AO[3] die selbständige (originäre) Buchführungspflicht.[1][4]

---

[1]Siehe auch: Buchführung: Schneller Einstieg in die Grundlagen: Einführung in die gesetzlichen Vorschriften und die Buchführungstechnik; Autorin Karin Nickenig; Springer-Gabler, 2016

5.6 Zusammenfassende Lernkontrolle

b. Das *interne Rechnungswesen* basiert hingegen nicht auf steuerlichen oder handelsrechtlichen Vorschriften. Es liegt somit eine gewisse Freiwilligkeit vor. Allerdings hilft das interne Rechnungswesen dem Unternehmer u. a. bei der Findung von zukunftsorientierten kaufmännisch vernünftigen Entscheidung. Auch ist sie im Rahmen von Nachkalkulationen eine sinnvolle und wichtige Stütze bei der Unternehmensführung.

4. Die variablen Kosten (gesamt) betragen 1.987.496,00 EUR, die variablen Kosten (pro Stück) 354,91 EUR. Folgende Berechnung (Vorschlag) kann zur Lösung der Fragestellung angewandt werden:

Berechnung der variablen Kosten (gesamt) und (pro Schrank) (Aufgabe 4)

		EUR
Umsatzerlöse	5.600 Stck. X 560 EUR/Stck =	3.136.000,00
./. variable Kosten	5.600 Stck x 354,91 EUR/Stck =	1.987.496,00
= Deckungsbeitrag		**1.148.504,00**
./. fixe Kosten		620.000,00
= Betriebsgewinn		**528.504,00**

Vorgehensweise (Vorschlag) zur Berechnung:
  a. Ermittlung der Umsatzerlöse: 5.600 Stck x 560 EUR/Stck
  b. Ermittlung Deckungsbeitrag: Betriebsgewinn 528.504,00 EUR (lt. Aufgabenstellung)./. fixe Kosten 620.000,00 EUR (lt. Aufgabenstellung) = 1.148.504,00 EUR
  c. Ermittlung variable Kosten (gesamt): Deckungsbeitrag 1.148.504,00 EUR./. Umsatzerlöse 3.136.000,00 EUR = variable Kosten (gesamt) **1.987.496,00 EUR**
  d. Ermittlung variable Kosten (pro Stück): variable Kosten (gesamt) 1.987.496,00 EUR/produzierte Stückzahl 5.600 Stück = **354,91 EUR**

5. Zur Ermittlung des Maschinenstundensatzes ist folgende Berechnung möglich:

Tabelle zur Berechnung des Maschinenstundensatzes (Aufgabe 5)

Maschinenabhängige Fertigungsgemeinkosten (FGK)	Kosten (gesamt)/ EUR	FGK (fix)/ EUR	FGK (variabel) 1000 Laufstunden/EUR	FGK (variabel pro Laufstunde)/EUR
Kalkulatorische Zinsen	200,00	200,00	0,00	0,00
Kalkulatorische Abschr.	2.200,00	2.200,00	0,00	0,00
Instandhaltungskosten	1.600,00	100,00	1.500,00	1,50

(Fortsetzung)

Maschinenabhängige Fertigungsgemeinkosten (FGK)	Kosten (gesamt)/ EUR	FGK (fix)/ EUR	FGK (variabel) 1000 Laufstunden/EUR	FGK (variabel pro Laufstunde)/EUR
Miete (Platzkosten)	150,00	150,00	0,00	0,00
Betriebsstoffe	1.800,00	0,00	1.800,00	1,80
Summe	**5.950,00**	**2.650,00**	**3.300,00**	**3,30**

Der Maschinenstundensatz ermittelt sich nach folgender Formel:

▶ Maschinenstundensatz = variable maschinenabhängige Kosten + fixe maschinenabhängige Kosten

Auf der Basis des vorgenannten Zahlenbeispiels und einer angenommenen Maschinenstundenlaufzeit von 1.000 Stunden wird der Maschinenstundensatz wie folgt ermittelt:

Fixe maschinenabhängige FGK pro Laufstunde (2.650,00 EUR/1.000 Std. = 2,65)	2,65 EUR
+ variable maschinenabhängige FGK pro Laufstunde	3,30 EUR
= Maschinenstundensatz	**5,95 EUR**

Der Maschinenstundensatz beträgt 5,95 EUR.

6. Folgende Berechnung könnte bei einer Maschinenlaufzeit von nun 100 Stunden durchgeführt werden:

Tabelle zur Berechnung des Maschinenstundensatzes (Aufgabe 6)

Maschinenabhängige Fertigungsgemeinkosten (FGK)	Kosten (gesamt)/ EUR	FGK (fix)/ EUR	FGK (variabel) 100 Laufstunden/EUR	FGK (variabel pro Laufstunde)/EUR
Kalkulatorische Zinsen	200,00	200,00	0,00	0,00
Kalkulatorische Abschr.	2.200,00	2.200,00	0,00	0,00

5.6 Zusammenfassende Lernkontrolle

(Fortsetzung)

Maschinenabhängige Fertigungsgemeinkosten (FGK)	Kosten (gesamt)/ EUR	FGK (fix)/ EUR	FGK (variabel) 100 Laufstunden/EUR	FGK (variabel pro Laufstunde)/EUR
Instandhaltungskosten	1.600,00	100,00	1.500,00	15,00
Miete (Platzkosten)	150,00	150,00	0,00	0,00
Betriebsstoffe	1.800,00	0,00	1.800,00	18,00
Summe	**5.950,00**	**2.650,00**	**3.300,00**	**33,00**

Der Maschinenstundensatz ermittelt sich nach folgender Formel:

▶ Maschinenstundensatz = variable maschinenabhängige Kosten + fixe maschinenabhängige Kosten

Auf der Basis des vorgenannten Zahlenbeispiels und einer angenommenen Maschinenstundenlaufzeit von 100 Stunden wird der Maschinenstundensatz wie folgt ermittelt:

Fixe maschinenabhängige FGK pro Laufstunde (2.650,00 EUR/100 Std. = 26,50)	26,50 EUR
+ variable maschinenabhängige FGK pro Laufstunde	33,00 EUR
= **Maschinenstundensatz**	59,50 EUR

Der Maschinenstundensatz beträgt 59,50 EUR.

▶ Wird die Maschinenstundenlaufzeit *reduziert*, erhöht sich der Maschinenstundensatz, da sich die fixen maschinenabhängigen Fertigungsgemeinkosten auf eine kürzere Maschinenlaufzeit verteilen.
  Wird die Maschinenstundenlaufzeit *erhöht*, reduziert sich der Maschinenstundensatz, da sich die fixen maschinenabhängigen Fertigungsgemeinkosten auf eine längere Maschinenlaufzeit verteilen.

7. Folgende Lösungsansätze sind zur Berechnung möglich:

Lösung zur Berechnung des Break-Even-Point auf 2 Wegen (Aufgabe 7)

Lösungsansatz Nr. 1

Jede Verkaufseinheit erzielt – lt. Sachverhalt – einen Beitrag in Höhe von 200,00 EUR zur Deckung der fixen Kosten in Höhe von insgesamt 120.000,00 EUR.
Zur Ermittlung der notwendigen Produktions- bzw. Absatzmenge zur Deckung der vorgenannten Fixkosten sind die Fixkosten durch den Deckungsbeitrag zu teilen:
120.000,00 EUR : 200,00 EUR = 600 Stck.

Lösungsansatz Nr. 2

Der Break-Even-Point ist dadurch gekennzeichnet, dass die Umsatzerlöse gerade sämtlich angefallenen – fixen und variablen – Kosten decken. Somit ist auch folgende Lösung denkbar:

Tabelle zur Berechnung des Break-Even-Point (Beispiel)

Umsatzerlöse	=	Gesamtkosten
Preis pro verkaufter Einheit (P) x Menge (Y)	=	fixe Kosten (Kfix) + variable Kosten(Kvar) x Menge (Y)
P x Y	=	Kfix + Kvar x Y
1.270,00€ x Y	=	120.000,00€ + 1.070,00€ x Y
200,00€ x Y	=	120.000,00€
Y	=	**600 Stück**

Hinweis: Die variablen Kosten in Höhe von 1.070,00 EUR errechnen sich, indem vom Umsatzerlös (1.270,00 EUR) der Deckungsbeitrag (200,00 EUR) subtrahiert wird.
Ab der Produktion der 601sten Leuchte wird erstmal ein Gewinn erzielt.

8. Wie hoch ist der prozentuale Forderungsausfall in den vergangenen 5 Jahren?

Lösung zu „Forderungswagnisse" (Aufgabe 8)

Unternehmer Fleißig möchte den durchschnittlichen Ausfall seiner Forderungen anhand der letzten 5 Jahre ermitteln, um diese im Rahmen seiner Kostenrechnung zu berücksichtigen. Denn: die anderen Kunden zahlen für den Ausfall einzelner Forderungen mit.

Er stellt folgende Liste auf:

Tabelle zur Ermittlung des Forderungsausfalls (Forderungswagnisse)

Jahr 01–05	Ausfall/EUR	%
Jahr 01: 200.000,00 EUR (Gesamtforderung)	3.000,00	3.000€/200.000€ = 1,5
Jahr 02: 110.000,00 EUR (Gesamtforderung)	2.200,00	2.200€/110.000€ = 2
Jahr 03: 108.000,00 EUR (Gesamtforderung)	2.160,00	2.160€/108.000€ = 2
Jahr 04: 110.000,00 EUR (Gesamtforderung)	1.500,00	1.500€/110.000€ = 1,4
Jahr 05: 150.000,00 EUR (Gesamtforderung)	2.250,00	2.250€/150.000€ = 1,5
= Summe Jahr 01–05: 678.000,00 EUR	11.110,00	

Lösung zu „Forderungswagnisse" (Fortsetzung)

Der durchschnittliche Forderungsausfall wird ermittelt, indem die Summe der Forderungsausfälle in den betrachteten 5 Jahren (hier: 11.110,00 EUR) durch die Summe der Gesamtforderungen (hier: 678.000,00 EUR) dividiert wird.

Es gilt für vorliegendes Beispiel: (11.110,00 EUR/678.000,00 EUR) x 100 = 1,63 %

Der Forderungsausfall beträgt im Durchschnitt für die vergangenen 5 Jahre 1,63 %.

Literatur

[1] Website des Bundesministeriums der Justiz und für Verbraucherschutz. http://www.gesetze-im-internet.de/hgb/__238.html. Zugegriffen 08 Jan. 2017
[2] Website des Bundesministeriums der Justiz und für Verbraucherschutz. http://www.gesetze-im-internet.de/ao_1977/__140.html. Zugegriffen 08 Jan. 2017
[3] Website des Bundesministeriums der Justiz und für Verbraucherschutz. http://www.gesetze-im-internet.de/ao_1977/__141.html. Zugegriffen 08. Jan. 2017
[4] Nickenig K (2016) Buchführung: Schneller Einstieg in die Grundlagen: Einführung in die gesetzlichen Vorschriften und in die Buchführungstechnik. Springer, Wiesbaden

Kostenstellenrechnung 6

> **Zusammenfassung**
>
> In diesem Kapitel liest Carlo Sommerweizen, wo die Kostenstellenrechnung im internen Rechnungswesen einzuordnen ist, welche Aufgaben sie erfüllt und wie ein stark vereinfachter Betriebsabrechnungsbogen (BAB) und ein komplexer BAB aussieht und funktioniert. Mit Kontrollaufgaben und Übungen beschäftigt sich der motivierte Unternehmer wieder am Ende dieses Kapitels.

In diesem Kapitel liest Carlo Sommerweizen, wo die Kostenstellenrechnung im internen Rechnungswesen einzuordnen ist, welche Aufgaben sie erfüllt und wie ein stark vereinfachter Betriebsabrechnungsbogen und ein komplexer BAB aussieht und funktioniert. Mit Kontrollaufgaben und Übungen beschäftigt sich der motivierte Unternehmer wieder am Ende dieses Kapitels.

6.1 Die Kostenstellenrechnung zwischen Kostenarten- und Kostenträgerrechnung

Die *Kostenstellenrechnung* ist zwischen der Kostenarten- und der Kostenträgerrechnung im Rahmen des internen Rechnungswesens zu finden. Mit Hilfe der Kostenstellenrechnung werden die Kosten (soweit möglich) verursachungsgerecht der entsprechenden Kostenstelle zugeordnet. Die Kostenstellenrechnung geht der Frage nach „Wo fallen die Kosten an?".

Hier zum besseren Verständnis die Einordnung der Kostenstellenrechnung:

Die Gemeinkosten werden über Zuschlagssätze dem Kostenträger zugereicht, die Einzelkosten werden direkt berücksichtigt.

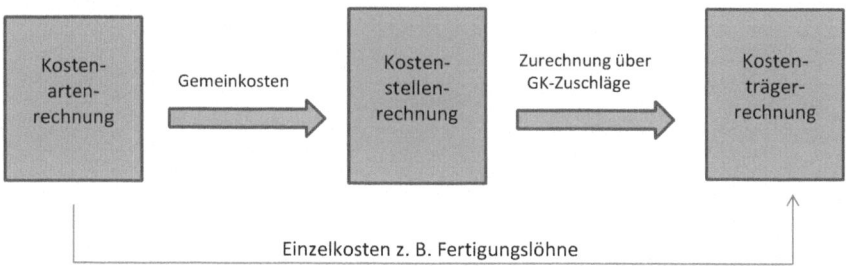

Während die Einzelkosten dem Kostenträger direkt (also ohne Verteilungsschlüssel über BAB) zugerechnet werden können, müssen die Gemeinkosten mittels Umlageschlüssel über den Betriebsabrechnungsbogen den jeweiligen Kostenstellen zugeordnet werden. Dies geschieht mittels der Kostenstellenrechnung.

Die Kostenstellenrechnung liefert die Ergebnisse, welche im Rahmen der späteren Kostenträgerrechnung unbedingt zum Zwecke einer kaufmännisch vernünftigen Vor-/Nach- oder Zwischenkalkulation berücksichtigt werden sollten.

Mit Hilfe der Kostenträgerrechnung werden dann später dem Kostenverursacher im Rahmen der Kostenträgerstück- oder Kostenträgerzeitrechnung die Gesamtkosten zugeordnet.

Carlo Sommerweizen schaut sich zunächst einmal die wichtigsten Informationen zu Haupt- und Nebenkostenstellen an.

6.2 Haupt- und Nebenkostenstellen

Im Rahmen der Kostenstellenrechnung muss zwischen *Haupt-* und *Nebenkostenstellen* unterschieden werden, wie nachfolgendes Schaubild aufzeigt:

6.2 Haupt- und Nebenkostenstellen

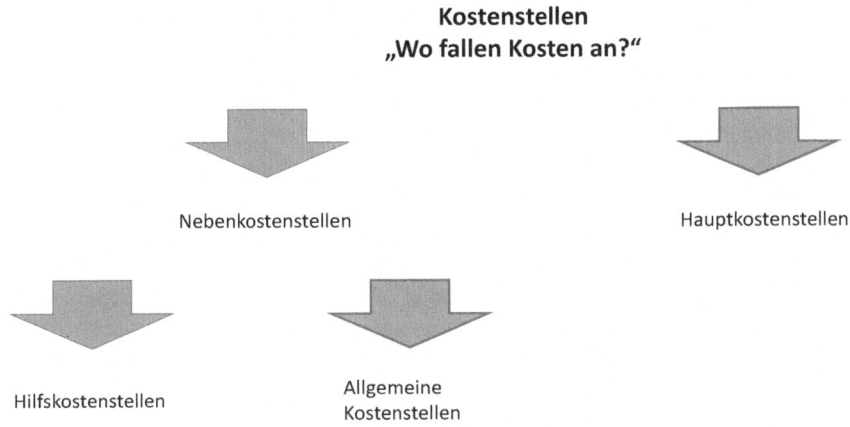

Hauptkostenstellen *Hauptkostenstellen* dienen dem betrieblichen Geschäftszweck. Im Rahmen eines Industriebetriebs gehören zu den Hauptkostenstellen z. B. folgende Kostenarten: Material, Fertigung, Verwaltung und Vertrieb. Eine weitere Unterteilung der einzelnen Kostenstellen ist möglich.

Sämtliche Kosten werden schlussendlich den Hauptkostenstellen zugerechnet, für die regelmäßig Gemeinkostenzuschlagssätze im Rahmen des Betriebsabrechnungsbogens ermittelt werden. Diese dienen der späteren fundierten Zuschlagskalkulation.

Nebenkostenstellen Fallen neben dem Haupterzeugnis auch Nebenerzeugnisse (z. B. Sägespäne) bei einem Tischler an, so empfiehlt es sich, zur besseren Übersicht/Kalkulation, *Nebenkostenstellen* einzurichten.

Die Nebenkostenstellen können wiederum unterteilt werden in Hilfskostenstellen und z. B. allgemeine Kostenstellen.

Hilfskostenstellen *Hilfskostenstellen* beinhalten Kosten, die nicht einzeln einem Kostenträger oder betrieblichen Bereich zugeordnet werden können: die Gemeinkosten. Diese können nur mit Hilfe eines Verteilungsschlüssels auf die Hauptkostenstelle umgelegt werden. Hierzu bedient man sich des sogenannten Betriebsabrechnungsbogens (kurz: BAB), der im folgenden Kapitel erläutert wird.

6.3 Aufgaben eines Betriebsabrechnungsbogens

Wie bereits erwähnt, benötigt man die Kostenstellenrechnung und in diesem Zusammenhang auch den Betriebsabrechnungsbogen (BAB) z. B. zur Erstellung einer fundierten Zuschlagskalkulation.

Zu den *Aufgaben* des Betriebsabrechnungsbogens zählen u. a.:

- Zuordnung der Gemeinkosten per Umlage-/Verteilungsschlüssel auf die jeweiligen Kostenstellen
- Innerbetriebliche Leistungsverrechnung (Verrechnung der Leistungen, die innerhalb des Unternehmens erbracht wurden auf die jeweiligen Kostenstellen)
- Transparenz und Kontrolle von Kosten
- Grundlage für die Zuschlagskalkulation
- Ermittlung von Gemeinkostenzuschlagssätzen

Carlo Sommerweizen schaut sich im nächsten Kapitel zunächst die Struktur eines einfachen Betriebsabrechnungsbogens an. Im Anschluss studiert der Autohausinhaber ein einfaches Zahlenbeispiel, indem mittels BAB der Gemeinkostenzuschlagssatz ermittelt wird.

6.4 Struktur eines Betriebsabrechnungsbogens

Um Gemeinkosten verursachungsgerecht zuordnen zu können, nutzt die Kostenstellenrechnung den *Betriebsabrechnungsbogen (kurz: BAB)*. Diese komplexe Zahlenübersicht ist unterteilt nach Kostenarten (Zeile) und Kostenstellen (Spalten).

Stark vereinfacht lässt sich der Betriebsabrechnungsbogen in der nachfolgenden Tabelle (Auszug) wie folgt darstellen:

Tabelle zur Struktur eines Betriebsabrechnungsbogen (BAB)

Gemeinkosten (Art)	Kosten nach KLR	Verteilungsschlüssel	Kostenstellen		
			Fertigung	Material	Vertrieb
Löhne		Lohnliste			
Gehälter		Gehaltsliste			

(Fortsetzung)

Gemein-kosten (Art)	Kosten nach KLR	Verteilungs-schlüssel	Kostenstellen		
			Fertigung	Material	Vertrieb
Steuern (betr.)		Verteiler-schlüssel			
Summe GK		Aufteilung in:	**Fertigungs-gemeinkosten**	**Materialge-meinkosten**	**Vertriebs-gemeinkos-ten**
		Zuschlags-grundlage	(Fertigungs-einzelkosten)	(Materialein-zelkosten)	(Herstell-kosten des Umsatzes)
		Zuschlags-satz			

6.5 Betriebsabrechnungsbogen – einfaches Beispiel

Nun schaut sich Carlo Sommerweizen ein einfaches Beispiel zum Betriebsabrechnungsbogen an. Hier werden nicht nur die angefallenen Gemeinkosten auf die Kostenstellen verteilt; es wird auch gleichzeitig der Gemeinkostenzuschlagssatz auf der Basis der Einzelkosten ermittelt.

Hinweis zur nachfolgenden Tabelle: Die Fertigungseinzelkosten (FEK) betragen 100.000,00 EUR, die Materialeinzelkosten 120.000,00 EUR und die Herstellkosten des Umsatzes 250.000,00 EUR. Weitere Informationen sind vorgegeben.

Tabelle zur Struktur eines Betriebsabrechnungsbogen (BAB)

Gemeinkos-ten (Art)	Kosten nach KLR	Verteilungs-schlüssel	Kostenstellen		
			Fertigung	Material	Vertrieb
Löhne	5.000,00 €	Lohnliste	2.000,00 €	1.000,00 €	2.000,00 €
Gehälter	8.000,00 €	Gehaltsliste	2.500,00 €	5.200,00 €	300,00 €
Steuern (betr.)	1.200,00 €	Verteiler-schlüssel	350,00 €	650,00 €	200,00 €

(Fortsetzung)

Gemeinkosten (Art)	Kosten nach KLR	Verteilungsschlüssel	Kostenstellen		
			Fertigung	Material	Vertrieb
Summe GK	**14.200,00 €**	**Aufteilung in:**	**4.850,00 € Fertigungsgemeinkosten**	**6.850,00 € Materialgemeinkosten**	**2.500,00 € Vertriebsgemeinkosten**
		Zuschlagsgrundlage	100.000,00 € (Fertigungseinzelkosten)	120.000,00 € (Materialeinzelkosten)	250.000,00 € (Herst. kosten des Umsatz)
		Zuschlagssatz	4,85 %	5,71	1 %

Die Ermittlung der Zuschlagssätze kann z. B. nach folgender Berechnung erfolgen:

a. Fertigungsgemeinkostenzuschlagssatz (FGK-Satz): (4.850,00 €/100.000,00 €) x 100 = 4,85 %
b. Materialgemeinkostenzuschlagssatz (MGK-Satz): (6.850,00 €/120.000,00 €) x 100 = 5,71 %
c. Zuschlagssatz Vertriebsgemeinkosten (VertrK-Satz): (2.500,00 €/250.000,00 €) x 100 = 1 %

Die oben ermittelten Gemeinkostenzuschlagssätze werden u. a. im Rahmen der Zuschlagskalkulation benötigt, um z. B. die Selbstkosten eines Auftrages zu ermitteln.

Der faszinierte Unternehmer liest weiter, dass ein Hauptproblem der Kostenstellenrechnung darin besteht, sinnvolle Kostenstellen zu bilden. Diese Problematik vernachlässigt er jedoch bei seinen Betrachtungen. Denn er möchte sich aktuell nur mit den Grundlagen auseinandersetzen.

Carlo Sommerweizen sieht schon, dass für ihn die Betrachtung bzw. das Nachvollziehen der Technik im Rahmen eines BAB etwas schwieriger ist als die im Vergleich recht einfache Technik der Buchführung. Deshalb freut er sich schon auf die Kontrollfragen und Übungen zu diesem Thema im Anschluss Abschn. 6.8 *Zusammenfassende Lernkontrolle*.

6.6 Betriebsabrechnungsbogen – komplexes Beispiel

Bisher wurde der *Betriebsabrechnungsbogen* betrachtet, ohne die Hilfskostenstellen zu berücksichtigen. Diese sind in der Praxis jedoch nicht wegzudenken. Daher schaut sich Carlo Sommerweizen ein schwierigeres Beispiel als das zuvor betrachtete Beispiel zum Betriebsabrechnungsbogen an, wo auch die Kostenstellenumlage (von den Hilfskostenstellen auf die Haupt-/Endkostenstellen) eine wichtige Rolle spielt.

Er lässt sich bei dieser Betrachtung erst einmal sehr viel Zeit, da das umfangreiche Zahlenmaterial und die große Textaufgabe ihn zunächst etwas verwirren. Er weiß aber, dass er später eine solche Aufgabe lösen wird. Ganz bestimmt.

Nun schaut er sich mit Geduld in seinem Lehrbuch das besagte Beispiel (mit Lösung) an:

Beispiel 2 zu „Betriebsabrechnungsbogen"

Bitte vervollständigen Sie den beigefügten Betriebsabrechnungsbogen. Die Bezugsgrößentabelle benötigen Sie zur verursachungsgerechten Zuordnung der angefallenen Kosten. Die Aufgabe ist gelöst, wenn Sie den beiden Endkostenstellen „Fertigungsstelle" und dem „Materialbereich" (im Betriebsabrechnungsbogen) die zugehörigen Einzel- und Gemeinkosten zuordnen konnten.

Bezugsgrößentabelle Beispiel 2 zu „Betriebsabrechnungsbogen"

	Hilfskostenstelle allgemeine Kosten		Hilfskostenstelle Fertigung		Endkosten-/ Hauptkostenstellen		
	Kantine	Werk-schutz	Werk-statt	Personal	Fertigungs-stelle	Material	**Summe**
Energie (kWh)	2	10	3	2	4	3	**24**
m²	30	–	50	20	100	200	**400**
Perso-nenzahl	4	2	5	6	8	5	**30**

Beispiel 2 zu Betriebsabrechnungsbogen (Fortsetzung)

Folgende Kosten werden nach entsprechenden Verteilungsschlüsseln zugeordnet:

- Energiekosten nach Verbrauch (kWh)
- Kalkulatorische Miete (m²)
- Sozialkosten nach Personenzahl

Einzelkosten im Betriebsabrechnungsbogen werden den Endkostenstellen direkt zugeordnet. Eine Verteilung nach Umlageschlüssel erfolgt nicht.

Hinsichtlich der Kostenstellenumlage sind folgende Informationen zu beachten:

- Die Kosten für die Kantine sind gleichmäßig auf alle Kostenstellen zu verteilen.
- Die Kosten für den Werkschutz sind ebenfalls gleichmäßig auf alle Kostenstellen zu verteilen.
- Die Kosten der Werkstatt werden zur Hälfte auf die Fertigungsstelle und die Materialstelle verteilt.
- Die Kosten für Personal werden zu 70 % auf die Endkostenstelle „Material" verteilt, der Rest auf die Endkostenstelle „Fertigungsstelle".

Weitere Hinweise:

1. Es ist ggf. auf 2 Nachkommastellen zu runden.
2. Hinsichtlich der Vorgehensweise wird empfohlen, zunächst die Kostenarten im BAB nach Anleitung und unter Berücksichtigung der Bezugsgrößentabelle (nach Verteilungsschlüssel) zu verteilen.
3. Im Anschluss empfiehlt sich die Kostenstellenumlage nach Aufgabenstellung durchzuführen.
4. Im Endergebnis sollten den beiden Endkostenstellen sämtliche Kosten zugerechnet sein. Damit wäre die Aufgabe als erfüllt anzusehen.

6.6 Betriebsabrechnungsbogen – komplexes Beispiel

Beispiel 2 zu Betriebsabrechnungsbogen (bitte vervollständigen)

Kostenart	Betrag	Hilfskostenstelle allgemeine Kosten		Hilfskostenstelle Fertigung		Endkosten-/ Hauptkostenstellen	
		Kantine	Werkschutz	Werkstatt	Personal	Fertigungstelle	Material
Material	4.000,00						
Fertigungslohn	15.000,00						
Energie	2.400,00						
Kalk. Miete	4.000,00						
Sozial-kosten	3.300,00						
Summe							
Kantine: Zuordnung gleichmäßig							
Werkschutz:							
Werkstatt:							
Personal:							
Summe endgültig							

Lösung Beispiel 2 zu „Betriebsabrechnungsbogen" (Fortsetzung)

Folgende Lösung wird im Lehrbuch vorgeschlagen:

Lösung Beispiel 2 zu Betriebsabrechnungsbogen

Kostenart	Betrag	Hilfskostenstelle allgemeine Kosten			Hilfskostenstelle Fertigung		Endkosten-/Hauptkostenstellen	
		Kantine	Werk-schutz	Werkstatt	Personal	Fertigung-stelle	Material
Material	4.000,00	direkte Zuordnung, da Einzelkosten						4.000,00
Fertigungslohn	15.000,00	direkte Zuordnung, da Einzelkosten					15.000,00	
Energie	2.400,00	(2.400,00/24) x 2 = 200,00	1.000,00	300,00	200,00	400,00	300,00
Kalk. Miete	4.000,00	(4.000,00/400) x 30 = 300,00	0,00	500,00	200,00	1.000,00	2.000,00
Sozial-kosten	3.300,00	(3.300,00/30) x 4 = 440,00	220,00	550,00	660,00	880,00	550,00
Summe	**28.700,00**	**940,00**	**1.220,00**	**1.350,00**	**1.060,00**	**17.280,00**	**6.850,00**
Kantine: Zuordnung gleichmäßig			940,00/5 = 188,00	188,00	188,00	188,00	188,00
Werkschutz: (1.220,00 + 188,00 = 1.408,00) Zuordnung gleichmäßig				1.408,00/4 = 352,00	352,00	352,00	352,00
Werkstatt: (1.350,00 + 188,00 + 352,00 = 1.890,00) Zuordnung 50 % je Endkostenstelle					0,00	945,00	945,00
Personal: (1.060,00 + 188,00 + 352,00 = 1.600,00) Zuordnung 70 % „Material", Rest i.H.v. 30 % auf „Fertigungsstelle"						480,00	1.120,00
Summe endgültig (19.245,00+9.455,00 = 28.700,00)						**19.245,00**	**9.455,00**

Sommerweizen freut sich sehr, dass er diese – für ihn doch recht komplexe Aufgabe – nachvollziehen konnte. Er wird sich diese spätestens wieder anschauen, wenn er eine Übungsaufgabe lösen muss.

6.7 Wichtige Definitionen

Betriebsabrechnungsbogen (BAB)	Als Betriebsabrechnungsbogen bezeichnet man das Rechensystem, mit dem man Kosten über die einzelnen Kostenstellen auf den Kostenträger zuordnet.
Einzelkosten	Einzelkosten sind Kosten, die dem Kostenträger auf direktem Weg zuzuordnen sind. Beispiel: Rohstoff
Gemeinkosten	Als Gemeinkosten bezeichnet man solche Kosten, die nur mittels Schlüssel auf den Kostenträger (mit Hilfe eines Betriebsabrechnungsbogens) überwälzt werden kann.
Hauptkostenstelle	Hauptkostenstellen dienen dem betrieblichen Geschäftszweck. Im Rahmen eines Industriebetriebs gehören zu den Hauptkostenstellen z. B. folgende Kostenarten: Material, Fertigung, Verwaltung und Vertrieb. Eine weitere Unterteilung der einzelnen Kostenstellen ist möglich.
Hilfskostenstelle	Hilfskostenstellen beinhalten Kosten, die nicht einzeln einem Kostenträger oder betrieblichen Bereich zugeordnet werden können: die Gemeinkosten.
Kostenstelle	Ort, an dem Kosten z. B. für Zwecke der Produktion entstehen
Kostenstellenrechnung	Rechnung, welche sich mit den Kostenstellen auseinandersetzt; wesentlicher Bestandteil ist der Betriebsabrechnungsbogen (BAB)
Kostenträger	Als Kostenträger bezeichnet man z. B. das Objekt oder die Leistung, welches die Kosten verursacht. Man bezeichnet den Kostenträger auch als Kostenverursacher.
Nebenkostenstellen	Nebenkostenstellen werden z. B. zur besseren Übersicht für die Produktion von Nebenerzeugnissen (also Erzeugnisse, welche neben dem Haupterzeugnis produziert werden) eingerichtet.

Die Nebenkostenstellen können wiederum unterteilt werden in Hilfskostenstellen und z. B. allgemeine Kostenstellen.

6.8 Zusammenfassende Lernkontrolle

Die folgenden Fragen und Übungen helfen das neu erlernte oder aufgefrischte Fachwissen zu vertiefen und zu festigen.

6.8.1 Kontrollfragen

1. Wie nennt man innerhalb der Kostenrechnung die beiden anderen Teilbereiche neben der Kostenstellenrechnung?
2. Welche Frage wird mit der Kostenstellenrechnung beantwortet?
3. Welches Hilfsmittel dient der verursachungsgerechten Zuordnung von Gemeinkosten?
4. Welche 2 wesentlichen Arten von Kostenstellen findet man in einem Betriebsabrechnungsbogen?
5. Was unterscheidet im Rahmen der Kostenstellenrechnung die Einzel- von den Gemeinkosten?
6. Nennen Sie bitte 2 Endkostenstellen.
7. Nennen Sie bitte 5 mögliche Verteilungsschlüssel.
8. Nennen Sie bitte 2 Aufgaben des Betriebsabrechnungsbogens.
9. Was wird innerhalb des Betriebsabrechnungsbogens in einer Zeile ausgewiesen, was in einer Spalte?
10. Auf welcher Basis werden die Gemeinkostenzuschlagsätze ermittelt?

6.8.2 Lösungen zu den Kontrollfragen

1. Kostenarten- und Kostenträgerrechnung
2. Wo bzw. an welcher Stelle sind die Kosten angefallen?
3. Betriebsabrechnungsbogen
4. Haupt- und Nebenkostenstellen
5. Die Einzelkosten werden direkt dem Kostenträger zugeordnet; die Gemeinkosten werden mittels Umlage-/Verteilungsschlüssel auf den Kostenträger überwälzt.
6. Z. B. Fertigung und Vertrieb

7. Z. B. Liter, Quadratmeter (m²), Personenanzahl, Stück, Kilowattstunde (kWh)
8. Detaillierte Darstellung und somit bessere Transparenz der Gemeinkosten; Grundlage für die Durchführung der Zuschlagskalkulation; Ermittlung von Gemeinkostenzuschlagssätzen
9. In der Zeile werden die Gemeinkosten, in den Spalten die Kostenstellen ausgewiesen.
10. Gemeinkostenzuschlagsätze werden auf der Basis von Einzelkosten ermittelt.

6.8.3 Übungen

1. Bitte entscheiden Sie bei den nachfolgenden Aussagen, ob diese richtig oder falsch sind und kreuzen Sie bitte zutreffend an:

Fragen zu Kap. 6 „Richtig oder Falsch" (Aufgabe 1)

Nr.	Aussage	Richtig	Falsch
1.	BAB steht für Betriebsabkürzungsbogen.		
2.	Die Kostenstellenrechnung ist Bestandteil des externen Rechnungswesens.		
3.	Die Kostenartenrechnung findet man als Teilbereich hinter der Kostenstellenrechnung.		
4.	Die Kostenstellenrechnung geht der Frage nach, warum Kosten vom Kostenträger verursacht wurden.		
5.	Der Kostenträger wird auch als Kostenverursacher bezeichnet.		
6.	Die Endkostenstellen beinhalten sämtliche Kosten, welche dem Kostenträger zugeordnet werden.		
7.	Der Betriebsabrechnungsbogen muss mit der Bilanz und der Gewinn- und Verlustrechnung dem Finanzamt unaufgefordert zum 10. Februar des Folgejahres eingereicht werden.		
8.	Der Betriebsabrechnungsbogen kann anstatt einer Bilanz im elektronischen Bundesanzeiger veröffentlicht werden.		
9.	Jeder Mitarbeiter innerhalb des Unternehmens hat ein Recht auf Einsichtnahme in den Betriebsabrechnungsbogen.		
10.	Der Betriebsabrechnungsbogen dient zur besseren, übersichtlichen Darstellung der Gemeinkosten.		

(Fortsetzung)

Nr.	Aussage	Richtig	Falsch
11.	Der Betriebsabrechnungsbogen stellt eine fundierte Grundlage für die Zuschlagskalkulation dar.		
12.	Mit Hilfe des Betriebsabrechnungsbogens werden die Gemeinkostenzuschlagssätze ermittelt.		
13.	Der Betriebsabrechnungsbogen ist monatlich zu erstellen und regelmäßig vom Prokuristen zu unterschreiben.		
14.	Dem Betriebsabrechnungsbogen sind stets die entsprechenden Kontoauszüge beizufügen, damit erkennbar ist, wie sich das Zahlenmaterial zusammensetzt.		
15.	Die Kostenträgerrechnung nutzt das Zahlenmaterial, welches im Rahmen der Kostenstellenrechnung zugeordnet wurde.		
16.	Der BAB muss stets handschriftlich erstellt werden.		
17.	Haupt- und Nebenkostenstellen sind reine Erfindung der Autorin.		
18.	Alle Einzelkosten werden über Zuschlagssätze auf den Kostenträger umgerechnet.		
19.	Sämtliche Gemeinkosten werden über Verteilungsschlüssel auf den Kostenverursacher überwälzt.		
20.	Gemeinkosten sind sämtliche Kosten, die dem Kostenverursacher nicht direkt zugeordnet werden können.		

2. Bitte vervollständigen Sie den nachfolgenden stark vereinfachten Betriebsabrechnungsbogen.

Hinweis zur nachfolgenden Tabelle: Die Fertigungseinzelkosten (FEK) betragen 110.000,00 EUR, die Materialeinzelkosten 130.000,00 EUR und die Herstellkosten des Umsatzes 240.000,00 EUR. Alle übrigen Informationen sind dem BAB zu entnehmen.

Vereinfachter Betriebsabrechnungsbogen (BAB) (Aufgabe 2)

Gemeinkosten (Art)	Kosten nach KLR	Verteilungsschlüssel	Kostenstellen		
			Fertigung	Material	Vertrieb
Löhne	5.000,00 €	Lohnliste	2.000,00 €		2.000,00 €
Gehälter	8.000,00 €	Gehaltsliste		5.200,00 €	300,00 €

6.8 Zusammenfassende Lernkontrolle

(Fortsetzung)

Gemein-kosten (Art)	Kosten nach KLR	Verteilungs-schlüssel	Kostenstellen		
			Fertigung	Material	Vertrieb
Steuern (betr.)	1.200,00 €	Verteiler-schlüssel		650,00 €	200,00 €
Summe GK	14.200,00 €	**Aufteilung in:**	4.850,00 € Fertigungs-gemeinkos-ten	6.850,00 € Material-gemein-kosten	2.500,00 € Vertriebs-gemein-kosten
		Zuschlags-grundlage	?? (Fertigungs-einzelkos-ten)	?? (Material-einzelkos-ten)	?? (Herst.-kosten des Umsatzes)
		Zuschlags-satz	??	??	??

3. Bitte vervollständigen Sie den beigefügten Betriebsabrechnungsbogen. Die Bezugsgrößentabelle benötigen Sie zur verursachungsgerechten Zuordnung der angefallen Kosten. Die Aufgabe ist gelöst, wenn Sie den beiden Endkostenstellen „Fertigungsstelle" und dem „Materialbereich" (im Betriebsabrechnungsbogen) die zugehörigen Einzel- und Gemeinkosten zuordnen konnten.

Bezugsgrößentabelle zur Aufgabe „Betriebsabrechnungsbogen" (Aufgabe 3)

	Hilfskostenstelle allgemeine Kosten		Hilfskostenstelle Fertigung		Endkosten-/Hauptkos-tenstellen		
	Kantine	Werk-schutz	Werk-statt	Personal	Fertigungs-stelle	Material	**Summe**
Energie (kWh)	2	10	3	2	4	3	**24**
m²	30	–	50	20	100	200	**400**
Perso-nenzahl	4	2	5	6	8	5	**30**

Folgende Kosten werden nach entsprechenden Verteilungsschlüsseln zugeordnet:

- Energiekosten nach Verbrauch (kWh)
- Kalkulatorische Miete (m²)
- Sozialkosten nach Personenzahl

Einzelkosten im Betriebsabrechnungsbogen werden den Endkostenstellen direkt zugeordnet. Eine Verteilung nach Umlageschlüssel erfolgt nicht.

Hinsichtlich der Kostenstellenumlage sind folgende Informationen zu beachten:

- Die Kosten für die Kantine sind gleichmäßig auf alle Kostenstellen zu verteilen.
- Die Kosten für den Werkschutz sind ebenfalls gleichmäßig auf alle Kostenstellen zu verteilen.
- Die Kosten der Werkstatt werden zur Hälfte auf die Fertigungsstelle und die Materialstelle verteilt.
- Die Kosten für Personal werden zu 50 % auf die Endkostenstellen verteilt.

Weitere Hinweise:

1. Es ist ggf. auf 2 Nachkommastellen zu runden.
2. Hinsichtlich der Vorgehensweise wird empfohlen, zunächst die Kostenarten im BAB nach Anleitung und unter Berücksichtigung der Bezugsgrößentabelle (nach Verteilungsschlüssel) zu verteilen.
3. Im Anschluss empfiehlt sich die Kostenstellenumlage nach Aufgabenstellung durchzuführen.
4. Im Endergebnis sollten den beiden Endkostenstellen sämtliche Kosten zugerechnet sein. Damit wäre die Aufgabe als erfüllt anzusehen.

Betriebsabrechnungsbogen (Aufgabe 3)

		Hilfskostenstelle allgemeine Kosten		Hilfskostenstelle Fertigung		Endkosten-/ Hauptkostenstellen	
Kostenart	**Betrag**	Kantine	Werkschutz	Werkstatt	Personal	Fertigungsstelle	Material
Material	5.000,00						
Fertigungslohn	15.000,00						
Energie	2.400,00						
Kalk. Miete	4.000,00						
Sozialkosten	3.300,00						
Summe							

(Fortsetzung)

Kostenart	Betrag	Hilfskostenstelle allgemeine Kosten		Hilfskostenstelle Fertigung		Endkosten-/ Hauptkostenstellen	
		Kantine	Werkschutz	Werkstatt	Personal	Fertigungsstelle	Material
Kantine:							
Werkschutz:							
Werkstatt:							
Personal:							
Summe endgültig							

6.8.4 Lösungen zu den Übungen

1. Bitte entscheiden Sie bei den nachfolgenden Aussagen, ob diese richtig oder falsch sind und kreuzen Sie bitte zutreffend an:

Fragen zu Kap. 6 „Richtig oder Falsch" (Aufgabe 1)

Nr.	Aussage	Richtig	Falsch
1.	BAB steht für Betriebsabkürzungsbogen.		X
2.	Die Kostenstellenrechnung ist Bestandteil des externen Rechnungswesens.		X
3.	Die Kostenartenrechnung findet man als Teilbereich hinter der Kostenstellenrechnung.		X
4.	Die Kostenstellenrechnung geht der Frage nach, warum Kosten vom Kostenträger verursacht wurden.		X
5.	Der Kostenträger wird auch als Kostenverursacher bezeichnet.	X	
6.	Die Endkostenstellen beinhalten sämtliche Kosten, welche dem Kostenträger zugeordnet werden.	X	
7.	Der Betriebsabrechnungsbogen muss mit der Bilanz und der Gewinn- und Verlustrechnung dem Finanzamt unaufgefordert zum 10. Februar des Folgejahres eingereicht werden.		X

(Fortsetzung)

Nr.	Aussage	Richtig	Falsch
8.	Der Betriebsabrechnungsbogen kann anstatt einer Bilanz im elektronischen Bundesanzeiger veröffentlicht werden.		X
9.	Jeder Mitarbeiter innerhalb des Unternehmens hat ein Recht auf Einsichtnahme in den Betriebsabrechnungsbogen.		X
10.	Der Betriebsabrechnungsbogen dient zur besseren, übersichtlichen Darstellung der Gemeinkosten.	X	
11.	Der Betriebsabrechnungsbogen stellt eine fundierte Grundlage für die Zuschlagskalkulation dar.	X	
12.	Mit Hilfe des Betriebsabrechnungsbogens werden die Gemeinkostenzuschlagssätze ermittelt.	X	
13.	Der Betriebsabrechnungsbogen ist monatlich zu erstellen und regelmäßig vom Prokuristen zu unterschreiben.		X
14.	Dem Betriebsabrechnungsbogen sind stets die entsprechenden Kontoauszüge beizufügen, damit erkennbar ist, wie sich das Zahlenmaterial zusammensetzt.		X
15.	Die Kostenträgerrechnung nutzt das Zahlenmaterial, welches im Rahmen der Kostenstellenrechnung zugeordnet wurde.	X	
16.	Der BAB muss stets handschriftlich erstellt werden.		X
17.	Haupt- und Nebenkostenstellen sind reine Erfindung der Autorin.		X
18.	Alle Einzelkosten werden über Zuschlagssätze auf den Kostenträger umgerechnet.		X
19.	Sämtliche Gemeinkosten werden über Verteilungsschlüssel auf den Kostenverursacher überwälzt.	X	
20.	Gemeinkosten sind sämtliche Kosten, die dem Kostenverursacher nicht direkt zugeordnet werden können.	X	

2. Anbei die vorgesehene Lösung zum vereinfachten Betriebsabrechnungsbogen:

6.8 Zusammenfassende Lernkontrolle

Vereinfachter Betriebsabrechnungsbogen (BAB) (Aufgabe 2)

Gemein-kosten (Art)	Kosten nach KLR	Verteilungs-schlüssel	Kostenstellen		
			Fertigung	Material	Vertrieb
Löhne	5.000,00 €	Lohnliste	2.000,00 €	1.000,00 €	2.000,00 €
Gehälter	8.000,00 €	Gehaltsliste	2.500,00 €	5.200,00 €	300,00 €
Steuern (betr.)	1.200,00 €	Verteiler-schlüssel	350,00 €	650,00 €	200,00 €
Summe GK	**14.200,00 €**	**Aufteilung in:**	**4.850,00 € Fertigungs-gemeinkosten**	**6.850,00 € Materialge-meinkosten**	**2.500,00 € Vertriebs-gemeinkosten**
		Zuschlags-grundlage	110.000,00 € (Fertigungs-einzelkosten)	130.000,00 € (Material-einzelkosten)	240.000,00 € (Herst.kosten des Umsatzes)
		Zuschlags-satz	4,41 %	5,27	1,04 %

Die Ermittlung der Zuschlagssätze kann z. B. nach folgender Berechnung erfolgen:

a. Fertigungsgemeinkostenzuschlagssatz (FGK-Satz): (4.850,00 €/110.000,00 €) x 100 % = 4,41 %
a. Materialgemeinkostenzuschlagssatz (MGK-Satz): (6.850,00 €/130.000,00 €) x 100 % = 5,27 %
b. Zuschlagssatz Vertriebsgemeinkosten (VertrK-Satz): (2.500,00 €/250.000,00 €) x 100 % = 1,04 %

3. Folgende Lösung ist für diese Aufgabe (Betriebsabrechnungsbogen) vorgesehen:

Lösung zu Betriebsabrechnungsbogen (Aufgabe 3)

Kostenart	Betrag	Hilfskostenstelle allgemeine Kosten		Hilfskostenstelle Fertigung			Endkosten-/Hauptkostenstellen	
		Kantine	Werk-schutz	Werkstatt	Personal		Fertigung-stelle	Material
Material	5.000,00	direkte Zuordnung, da Einzelkosten						5.000,00
Fertigungslohn	15.000,00	direkte Zuordnung, da Einzelkosten					15.000,00	
Energie	2.400,00	(2.400,00/24) x 2 = 200,00		300,00	200,00		400,00	300,00
Kalk. Miete	4.000,00	(4.000,00/400) x 30 = 300,00		500,00	200,00		1.000,00	2.000,00
Sozial-kosten	3.300,00	(3.300,00/30) x 4 = 440,00		550,00	660,00		880,00	550,00
Summe	**29.700,00**	**940,00**		**1.350,00**	**1.060,00**		**17.280,00**	**7.850,00**
Kantine: Zuordnung gleichmäßig			940,00/5 = 188,00	188,00	188,00		188,00	188,00
Werkschutz: (1.220,00 + 188,00 = 1.408,00) Zuordnung gleichmäßig				1.408,00/4 = 352,00	352,00		352,00	352,00
Werkstatt: (1.350,00 + 188,00 + 352,00 = 1.890,00) Zuordnung 50 % je Endkostenstelle					0,00		945,00	945,00
Personal: (1.060,00 + 188,00 + 352,00 = 1.600,00) Zuordnung 50 % je Endkostenstelle							800,00	800,00
Summe endgültig (19.565,00+10.135,00 = 29.700,00)							**19.565,00**	**10.135,00**

Kostenträgerrechnung 7

> **Zusammenfassung**
>
> In diesem Kapitel liest Carlo Sommerweizen, welche Aufgaben der Kostenträgerrechnung zugedacht sind. Er lernt, was der Unterschied zwischen der Kostenträgerzeit- und Kostenträgerstückrechnung ausmacht und welche Methoden zur Ermittlung von z. B. Herstell- oder Selbstkosten angewandt werden. Hierbei schaut er sich insbesondere die Divisionskalkulation, die Äquivalenzziffernkalkulation, die Zuschlags-, Handels- und Kuppelkalkulation mit entsprechenden Beispielen an. Mit Kontrollaufgaben und Übungen beschäftigt sich der motivierte Unternehmer wieder am Ende dieses Kapitels.

Der letzte Teilbereich ist die sogenannte Kostenträgerrechnung. Hier werden die (aufbereiteten) Daten genutzt, um diese auf den Kostenverursacher zu verrechnen. Die Kostenträgerrechnung liefert Antworten auf die Frage: „Wer oder was hat die Kosten verursacht?!

Dieser Teil der Kostenrechnung lässt sich aufteilen in die *Kostenträgerzeit-* und *Kostenträgerstückrechnung*. Beide Bereiche werden später genau erläutert. Zunächst schaut sich Carlo Sommerweizen die Aufgaben der Kostenträgerrechnung an.

7.1 Aufgaben der Kostenträgerrechnung

Aufgaben der *Kostenträgerrechnung* gibt es viele. Der interessierte Automobileinzelhändler schaut sich in seinem Lehrbuch einige wesentliche Punkte hierzu an.

Ermittlung Herstellkosten Vorratsvermögen Wie Sommerweizen bereits beim Selbststudium zur Jahresabschlusserstellung gelernt hat, ist bei Erstellung der Bilanz das *Vorratsvermögen* (Erzeugnisse) zu bewerten und auf der Aktivseite im Rahmen des Umlaufvermögens auszuweisen. Der Ansatzwert wird mit Hilfe der Kostenträgerrechnung ermittelt. Sommerweizen weiß natürlich, dass er das handelsrechtliche Vorsichtsprinzip bei der Bilanzierung z. B. des vorgenannten Vorratsvermögens zu beachten hat.

Ermittlung Selbstkosten Die Kostenträgerrechnung hat beispielsweise die Aufgabe, die *Selbstkosten* im Rahmen der Zuschlagskalkulation zu ermitteln, damit eine entsprechende Preisermittlung zur Erzielung eines unternehmerischen Gewinns möglich wird.

Outsourcing oder Insourcing? Die Kostenträgerrechnung unterstützt den Unternehmer auch bei wichtigen Entscheidungen. So kann beispielsweise mit Hilfe der Kostenträgerrechnung rechnerisch ermittelt werden, ob es günstiger ist, selbst zu produzieren oder die Produktion auszulagern (*Outsourcing*). Natürlich kann es auch betriebswirtschaftlich günstiger sein, die ausgelagerte Produktion zukünftig wieder durch das eigene Unternehmen ausführen zu lassen (*Insourcing*).

Zusatzauftrag Die Kostenträgerrechnung dient auch dazu, die Frage zu beantworten, ob die *Annahme von Zusatzaufträgen* betriebswirtschaftlich sinnvoll ist oder eher der Verzicht auf die zusätzliche Produktion von Erzeugnissen.

Kontrolle Die Kostenträgerrechnung wird auch häufig zur *Kontrolle* und als Grundlage für betriebswirtschaftliche Auswertungen genutzt.

Sortiment Auch für die Zusammensetzung eines betriebswirtschaftlich *optimalen Sortiments* hilft die Kostenträgerrechnung bei der Entscheidungsfindung.

Es gibt sicherlich noch viele weitere Punkte, die Carlo Sommerweizen an dieser Stelle recherchieren könnte. Da er sich aber erst einmal einige Grundlagen anschauen möchte, verzichtet er hierauf.

Ihn interessiert es eher, was es mit der Unterscheidung von *Kostenträgerzeit-* und *Kostenträgerstückrechnung* auf sich hat. Denn hiernach wird die Kostenträgerrechnung (Oberbegriff) unterteilt.

Carlo startet mit der Kostenträgerzeitrechnung.

7.2 Kostenträgerzeitrechnung

Die *Kostenträgerzeitrechnung* ist ein Teilbereich der Kostenträgerrechnung. Dieser Teil der Kostenrechnung geht der Frage nach, *wer* oder *was* innerhalb einer bestimmten Abrechnungsperiode Kosten verursacht hat. Die Abrechnungsperiode wird hierbei vom Unternehmer selbst festgelegt. Abrechnungsperioden können Monate, Quartale oder Jahre sein.

7.2.1 Umsatzkostenverfahren

Zunächst schaut sich Carlo Sommerweizen das *Umsatzkostenverfahren* an. Er recherchiert, dass diese Art der der Berechnung angewandt wird, um den kurzfristigen unternehmerischen Erfolg zu ermitteln.

▶ Das Umsatzkostenverfahren ist eine kurzfristige Erfolgsrechnung.

Hierbei werden den Umsatzerlösen die Herstellkosten der *veräußerten* Leistungen gegenübergestellt. Weitere Kosten (bezogen auf die *abgesetzten* Leistungen), die hier im Gegensatz zur Gewinn- und Verlustrechnung nicht nach Aufwandsart sondern nach Funktionsbereichen aufgeteilt sind, werden ebenfalls von den Umsätzen subtrahiert.

Bestandsveränderungen an Lager werden neutralisiert durch Hinzurechnungen oder Kürzungen per Herstellkosten (siehe auch *Tabelle Ermittlung von Selbstkosten*)

Neutrale Ergebnisse werden bei dieser Berechnung ausgegrenzt und nicht betrachtet.

Sommerweizen malt sich folgendes (allgemeine) Berechnungsschema zum Umsatzkostenverfahren auf:

Das Umsatzkostenverfahren (Berechnungsschema allgemein)

	Umsatzerlöse gesamt
./.	Erlösschmälerungen (z. B. Rabatte, Skonti, Boni)
=	Umsatzerlöse aktueller Stand
./.	Selbstkosten der veräußerten Leistungen (Erzeugnisse)
=	**Betriebsergebnis**

Wie Sommerweizen schon mehrfach gelesen hat, können die vorgenannten Selbstkosten noch weiter unterteilt werden, wie nachfolgende Darstellung zeigt.

Ermittlung von Selbstkosten (Berechnungsschema allgemein)

	Materialeinzelkosten
+	Materialgemeinkosten
+	Fertigungseinzelkosten
+	Fertigungsgemeinkosten
=	**Herstellkosten**
+	Bestandsminderungen
./.	Bestandsmehrungen
=	**Herstellkosten des Umsatzes**
+	Vertriebsgemeinkosten
+	Verwaltungsgemeinkosten
=	**Selbstkosten**

7.2.1.1 Umsatzkostenverfahren – einfaches Beispiel

Der motivierte Autohausinhaber schaut sich das Umsatzkostenverfahren bei Lagerbestandserhöhung und –minderung anhand von zwei leicht nachvollziehbaren Beispielen auf Vollkostenbasis an. Um den Rahmen seiner Recherchen nicht zu sprengen, verzichtet er auf die Darstellung des Umsatzkostenverfahrens auf Teilkostenbasis.

Umsatzkostenverfahren bei Lagerbestandserhöhung Sommerweizen schaut sich nun in seinem Lehrbuch ein einfaches Beispiel zum Umsatzkostenverfahren bei Lagerbestandserhöhung an.

▶ Die Erhöhung des Lagerbestandes findet immer dann statt, wenn mehr produziert als verkauft wird.

Nun zu den Daten des Berechnungsbeispiels:

Beispiel zum „Umsatzkostenverfahren (Bestandserhöhung)"
Es seien folgende Daten für den März 01 gegeben:
Herstellkosten pro Stück 20,00 EUR, Umsatzerlös pro Stück 100,00 EUR, produzierte Anzahl (Menge): 2.000 Stück, Verwaltungskosten 200,00 EUR und Vertriebskosten 500,00 EUR, verkaufte Menge: 1.700 Stück

7.2 Kostenträgerzeitrechnung

Aufgabe: Bitte ermitteln Sie den betrieblichen Erfolg (Betriebsergebnis) nach dem *Umsatzkostenverfahren*.

Berechnung zum Beispiel „Umsatzkostenverfahren (Bestandserhöhung)"

			Berechnung	EUR	EUR
		Umsatzerlöse	*verkaufte* Menge x Preis: 1.700 Stück x 100,00 €		170.000,00
./.		Selbstkosten			
		Herstellkosten	Produzierte Menge x Herstellkosten: 2.000 Stück x 20,00 €	40.000,00	
	./.	Bestandserhöhung Lager	300 Stück x 20,00 €	6.000,00	
	+	Verwaltungskosten	Lt. Aufgabenstellung	200,00	
	+	Vertriebskosten	Lt. Aufgabenstellung	500,00	
		Gesamte Kosten			34.700,00
=		**Betriebsergebnis (Gewinn)**			135.300,00

Sommerweizen erkennt hierbei, dass der im Lehrbuch genannte Produzent ein Periodenergebnis für den Monat März 01 in Höhe von 135.300,00 EUR erzielt hat.

Zufrieden mit dem neu erlernten Wissen, schaut er sich nun ein Beispiel zur Lagerbestandsminderung an.

Umsatzkostenverfahren bei Lagerbestandsminderung Sommerweizen schaut sich nun in seinem Lehrbuch ein einfaches Beispiel zum Umsatzkostenverfahren bei *Lagerbestandsminderung* an.

▶ Die Minderung des Lagerbestandes findet immer dann statt, wenn mehr veräußert als im Laufe der Betrachtungsperiode produziert wurde. Es wird auf Erzeugnisse an Lager zurückgegriffen, um die Nachfrage erfüllen zu können.

Nun zu den Daten des Berechnungsbeispiels:

Beispiel zum „Umsatzkostenverfahren (Bestandsminderung)"

Es seien folgende Daten für den April 01 gegeben:
Herstellkosten pro Stück 20,00 EUR, Umsatzerlös pro Stück 100,00 EUR, produzierte Anzahl (Menge): 1.500 Stück, Verwaltungskosten 200,00 EUR und Vertriebskosten 500,00 EUR, verkaufte Menge: 1.700 Stück

Aufgabe: Bitte ermitteln Sie den betrieblichen Erfolg (Betriebsergebnis) nach dem *Umsatzkostenverfahren*.

Berechnung zum Beispiel Umsatzkostenverfahren (Bestandsminderung)

			Berechnung	EUR	EUR
		Umsatzerlöse	*Abgesetzte* Menge x Preis: 100,00 € x 1.700 Stück		**170.000,00**
./.		Selbstkosten			
		Herstellkosten	Produzierte Menge x Herstellkosten: 20,00 € x 1.500 Stück	30.000,00	
	+	Bestandsminderung Lager	200 Stück x 20,00 €	4.000,00	
	+	Verwaltungskosten	Lt. Aufgabenstellung	200,00	
	+	Vertriebskosten	Lt. Aufgabenstellung	500,00	
		Gesamte Kosten			34.700,00
=		**Betriebsergebnis (Gewinn)**			**135.300,00**

Carlo Sommerweizen erhält bei der vorgenannten Berechnung das gleiche Ergebnis wie zuvor, obwohl der Lagerbestand reduziert wurde. Das erklärt er sich damit, dass insgesamt für die Erzielung des Umsatzes (170.000,00 EUR) gleich hohe Kosten angefallen sind. Im aktuellen Beispiel wurde – im Vergleich zum vorherigen Beispiel – zwar weniger produziert, aber hier nutzte man die Möglichkeit der Lagerbestandsminderung, um den Auftrag ausführen zu können.

7.2 Kostenträgerzeitrechnung

▶ Beim Umsatzkostenverfahren werden den Erlösen, die innerhalb einer Betrachtungsperiode angefallen sind, die Kosten für die **abgesetzte Menge** gegenübergestellt.

Im nächsten Schritt widmet er sich nun dem Gesamtkostenverfahren.

7.2.1.2 Gesamtkostenverfahren

Im Rahmen des *Gesamtkostenverfahrens*, so lernt Sommerweizen bei seinen Recherchen, werden den in einem bestimmten Zeitraum erzielten Erlösen die Gesamtkosten der hergestellten Leistungen, also die der abgesetzten Menge als auch die Kosten der dem Lager zugeführten Erzeugnisse gegenübergestellt.

Sommerweizen schaut sich hierzu ebenfalls ein Zahlenbeispiel an:

Beispiel zum „Gesamtkostenverfahren (Bestandserhöhung)"

Es seien folgende Daten für den März 01 gegeben:
Herstellkosten pro Stück 20,00 EUR, Umsatzerlös pro Stück 100,00 EUR, produzierte Anzahl (Menge): 2.000 Stück, Verwaltungskosten 200,00 EUR und Vertriebskosten 500,00 EUR, verkaufte Menge: 1.700 Stück

Aufgabe: Bitte ermitteln Sie den betrieblichen Erfolg (Betriebsergebnis) nach dem *Gesamtkostenverfahren*.

Berechnung zum Beispiel „Gesamtkostenverfahren (Bestandserhöhung)"

			Berechnung	EUR	EUR
		Umsatzerlöse	*Verkaufte* Menge x Preis: 100,00 € x 1.700 Stück		170.000,00
	+	Bestandserhöhung	300 Stück x 20,00 € =		6.000,00
=		**Betriebsertrag**			**176.000,00**
	./.	Herstellkosten	*Produzierte* Menge x Herstellkosten: 2.000 Stück x 20,00 €	40.000,00	
	./.	Verwaltungskosten	Lt. Aufgabenstellung	200,00	
	./.	Vertriebskosten	Lt. Aufgabenstellung	500,00	
		Gesamte Kosten			40.700,00
=		**Betriebsergebnis (Gewinn)**			**135.300,00**

Sommerweizen erkennt hierbei, dass der im Lehrbuch genannte Produzent ein Periodenergebnis für den Monat März 01 in Höhe von 135.300,00 EUR erzielt hat. Dieses ist zwar identisch mit der Darstellung „Umsatzkostenverfahren", allerdings wird die Bestandsveränderung an Lager nicht bei den Kosten, sondern im Ertragsbereich berücksichtigt.

Der Vollständigkeit halber sieht sich Sommerweizen auch noch ein Beispiel zur Lagerbestandsminderung an:

Beispiel zum „Gesamtkostenverfahren (Bestandsminderung)"

Es seien folgende Daten für den April 01 gegeben:
Herstellkosten pro Stück 20,00 EUR, Umsatzerlös pro Stück 100,00 EUR, produzierte Anzahl (Menge): 1.500 Stück, Verwaltungskosten 200,00 EUR und Vertriebskosten 500,00 EUR, verkaufte Menge: 1.700 Stück

Aufgabe: Bitte ermitteln Sie den betrieblichen Erfolg (Betriebsergebnis) nach dem *Gesamtkostenverfahren*.

Berechnung zum Beispiel „Gesamtkostenverfahren (Bestandsminderung)"

			Berechnung	EUR	EUR
		Umsatzerlöse	*Verkaufte* Menge x Preis: 1.700 Stück x 100,00 €		170.000,00
	./.	Bestandsminderung	200 Stück x 20,00 €		4.000,00
=		**Betriebsertrag**			**166.000,00**
		Herstellkosten	*Produzierte* Menge x Herstellkosten: 1.500 Stück x 20,00 €	30.000,00	
	./.	Verwaltungskosten	Lt. Aufgabenstellung	200,00	
	./.	Vertriebskosten	Lt. Aufgabenstellung	500,00	
		Gesamte Kosten			30.700,00
=		**Betriebsergebnis (Gewinn)**			**135.300,00**

7.3 Kostenträgerstückrechnung

Beispiel zum „Gesamtkostenverfahren (Bestandsminderung)" – Fortsetzung

Carlo Sommerweizen versteht die Berechnungen, nachdem er sie sich nun ausführlich durchgearbeitet hat. Zum besseren Verständnis stellt er die beiden Verfahren (Umsatzkosten- und Gesamtkostenverfahren) nochmals zeichnerisch gegenüber:

Gesamtkosten-und Umsatzkostenverfahren

Betriebsergebniskonto GKV		Betriebsergebniskonto UKV	
Herstellkosten produzierte Menge	Umsatzerlöse der veräußerten Erzeugnisse	Herstellkosten des Umsatzes	Umsatzerlöse der veräußerten Erzeugnisse
Vertriebskosten		Vertriebskosten	
Verwaltungskosten	Bestandsveränderung +/-	Verwaltungskosten	

GKV = Gesamtkostenverfahren   UKV = Umsatzkostenverfahren

Nun schließt Sommerweizen den Bereich der Kostenträgerzeitrechnung ab und widmet siwch im Anschluss der Kostenträgerstückrechnung.

7.3 Kostenträgerstückrechnung

Die *Kostenträgerstückrechnung* ist ein Teil der Kostenträgerrechnung, mit deren Hilfe die Kosten pro Leistungseinheit (z. B. produziertes Erzeugnis) im Rahmen einer Kalkulation ermittelt werden. Die Kosten, die ermittelt werden, sind entweder die Selbstkosten, die zum Zwecke der Preiskalkulation ermittelt werden oder die Herstellkosten zum Zwecke der Bilanzierung von Vorratsvermögen.

Sommerweizen bespricht mit seinem guten Freund Florian Gütlich die unterschiedlichen Kalkulationsmethoden, da ihn diese besonders interessieren.

7.3.1 Divisionskalkulation

Die *Divisionskalkulation* ist die einfachste Kalkulationsmethode der Kostenträgerstückrechnung. Diese kann wiederum unterteilt werden in die sogenannte einstufige und auch mehrstufige Divisionskalkulation. Diese schaut sich Sommerweizen im Folgenden mit entsprechenden Beispielen genau an.

7.3.1.1 Einstufige Divisionskalkulation

Wie sein Freund Florian Gütlich Sommerweizen erklärt, ist die *einstufige Divisionskalkulationsmethode* nur bei homogenen (gleichartigen) Gütern anwendbar. Ihre Aussagekraft ist gering. Man geht auch stets bei Anwendung dieser Kalkulationsmethode davon aus, dass keine Lagerbestandsveränderungen stattfinden. Allerdings, so Gütlich, wird die einstufige Divisionskalkulation eher selten in der Praxis zu finden sein.

Allgemein gilt:

▶ $$\text{Stückkosten (K)} = \frac{\text{Gesamtkosten}\,(K)}{\text{produzierte Menge}\,(x)}$$

Sommerweizen überlegt sich, wer denn homogene Güter produzieren könnte ... Florian Gütlich gibt ihm folgendes Beispiel:

Beispiel zur „Einstufige Divisionskalkulation"

Ein Stromproduzent stellt Energie in Form von Strom (kWh) her. Im Monat April 01 sind 200.000,00 EUR an Gesamtkosten (K) entstanden bei einer Produktion von 1.600.000 kWh.
Frage: Wie hoch sind die Kosten pro Einheit (kWh)?
Anzuwenden ist vorgenannte Formel:

$$\text{Stückkosten (K)} = \frac{\text{Gesamtkosten}\,(K)}{\text{produzierte Menge}\,(x)}$$

Auf den vorgenannten Sachverhalt angewendet, ergib sich folgendes Ergebnis:

$$\text{Stückkosten (K)} = \frac{200.000,00\ €}{1.600.000,00\ kWh} = 0{,}125\ €/kWh$$

Nach vorgenannter Berechnung kostet 1 kWh Strom 0,125 EUR.

7.3.1.2 Zweistufige Divisionskalkulation

Die *zweistufige Divisionskalkulation* wird in der Regel bei Unternehmen verwendet, die lediglich ein Produkt herstellen. Im Gegensatz zur einstufigen Divisionskalkulation kommt es zu Lagerbestandsveränderungen innerhalb einer

7.3 Kostenträgerstückrechnung

Betrachtungsperiode. Es wird z. B. im März 01 mehr produziert als veräußert, erklärt Gütlich seinem Freund Carlo Sommerweizen.

Um nun herauszufinden, wie hoch der zu bilanzierende Wert der am Bilanzstichtag noch nicht veräußerten Güter ist, bedient man sich der folgenden allgemeinen Formel:

▶ $$\text{Selbstkosten pro Einheit} = \frac{\text{Herstellkosten pro Periode}}{\text{produzierte Menge (Stückzahl)}}$$

$$+ \frac{\text{Verwaltungs- /Vertriebskosten pro Periode}}{\text{verkaufte Menge (Stückzahl)}}$$

Florian Gütlich zeigt Carlo Sommerweizen ein Beispiel auf:

Beispiel zur zweistufigen Divisionskalkulation

Es seien folgende Daten für den März 01 gegeben:
Herstellkosten der Periode: 200.000,00 EUR, Umsatzerlös pro Stück 100,00 EUR, produzierte Anzahl (Menge): 2.000 Stück, Verwaltungskosten 2.000,00 EUR und Vertriebskosten 5.000,00 EUR, verkaufte Menge: 1.700 Stück

Aufgabe: Bitte ermitteln Sie die Selbstkosten pro Einheit und die zu bilanzierenden Herstellkosten der nicht veräußerten Güter.

Lösung: Unter Anwendung der vorgenannten Formel, lässt sich folgendes Ergebnis errechnen:

$$\text{Selbstkosten pro Einheit} = \frac{200.000,00\ €}{2.000\ \text{Stück}} + \frac{7.000,00\ €}{1.700\ \text{Stück}} = 100\ €/\text{Stck} + 4,12\ €/\text{Stck} = 104,12\ €/\text{Stck}$$

Nicht verkaufte Erzeugnisse (lt. Aufgabenstellung 300 Stück) werden in der Bilanz mit folgendem Wert aktiviert:

Zugang Umlaufvermögen (Bestandserhöhung) = 104,12 €/Stück x 300 Stück = 31.236,00 €

Carlo Sommerweizen hat dieses Beispiel sehr schnell verinnerlicht und ist sich sicher, dass er die spätere Übungsaufgabe auch recht schnell lösen kann. Denn Verstehen, so hat Carlo gelernt, ist die Grundvoraussetzung für die Anwendung von Berechnungsverfahren vorgenannter Art.

Auch wenn er selbst nichts mit der Produktion zu tun hat, findet es der motivierte Autohausinhaber sehr wichtig über diese grundlegenden Dinge zumindest in Ansätzen Bescheid zu wissen.

7.3.2 Äquivalenzziffernkalkulation

Die *Äquivalenzziffernkalkulation* findet Anwendung in Betrieben mit Sortenfertigung. Hier verursacht die Produktion von Erzeugnissen unterschiedlich hohe Kosten, obwohl die Ausgangsmaterialien in der Regel nahezu gleich sind. Als Beispiele können hier angeführt werden: Produktion von Schokolade, diverse Joghurtsorten, Stahlbleche, Textilien.

Wie Sommerweizen weiter recherchiert, unterscheidet man bei der Äquivalenzziffernkalkulation die einstufige und mehrstufige Äquivalenzziffernkalkulation.

Florian Gütlich zeigt Carlo Sommerweizen zunächst einmal ein Beispiel zur einstufigen Methode.

7.3.2.1 Einstufige Äquivalenzziffernkalkulation

Bei der *einstufigen Äquivalenzziffernkalkulation* ist davon auszugehen, dass keine Lagerbestandsveränderungen stattfinden. Eine Aufteilung in Herstellkosten bzw. Vertriebs- und Verwaltungskosten ist daher nicht erforderlich.

Ziel der einstufigen Äquivalenzziffernkalkulation ist die Aufteilung der Gesamtkosten bezogen auf die jeweils produzierten Leistungseinheiten.

Sommerweizen schaut sich das Beispiel an, welches Florian Gütlich ihm erläutert.

Beispiel zur „Einstufige Äquivalenzziffernkalkulation"

Es werden zwei Erzeugnisse (E1 = Superior und E2 = Standard) produziert.

Die Kosten für E1 sind um 30 % höher als die Produktion von E2. Von E1 werden 20 Stück produziert, von E2 30 Stück. Die Gesamtkosten belaufen sich auf 200.000,00 EUR. Lagerbestandsveränderungen haben nicht stattgefunden.

Aufgabe: Bitte ermitteln Sie die Kosten pro Erzeugnis.

Gütlich ermittelt das Ergebnis anhand der Darstellung in einer Tabelle (zur besseren Übersicht). Er verwendet nachfolgende Abkürzungen: ÄZ = Äquivalenzziffer, UZ = Umrechnungszahl

Lösung zur einstufigen Äquivalenzziffernkalkulation

Sorte	Menge	ÄZ	UZ	Gesamtkosten	Stückkosten
Spalte 1	Spalte 2	Spalte 3	Spalte 4	Spalte 5	Spalte 6
E1	20	1,3	26	92.857,13	**4.642,86**
E2	30	1,0	30	107.142,87	**3.571,43**
			56	200.000,00	

7.3 Kostenträgerstückrechnung

Beispiel zur „Einstufige Äquivalenzziffernkalkulation" – (Fortsetzung)

Zur Erläuterung des Ergebnisses lässt sich Florian Gütlich viel Zeit. Er erklärt seinem Freund Carlo im Detail die Vorgehensweise. Er zeigt eine schrittweise Vorgehensweise auf:

- (Spalte 1 + 2): Darstellung von Sorte und Menge in Spaltenform lt. Aufgabenstellung
- (Spalte 3): Ermittlung der Äquivalenzziffer (hier: Sorte E1 ist Basis und wird = 1,0 gesetzt); im Anschluss wird das Verhältnis des bzw. der anderen Erzeugnisse zur Basis prozentual oder in dezimaler Form ermittelt
- (Spalte 4): Ermittlung der (gewichteten) Umrechnungszahl durch Multiplikation von Menge und Äquivalenzziffer
- (Spalte 4): Addition der einzelnen Umrechnungszahlen
- (Spalte 5): Gesamtkosten (hier: 200.000 €) im Verhältnis zu den gewichteten Umrechnungszahlen
- (Spalte 6): Gesamtkosten pro Sorte (Spalte 5) dividiert durch die Menge (Spalte 2) ergeben die Stückkosten

Sommerweizen versteht die Vorgehensweise und wird sich später hierzu noch eine Übungsaufgabe anschauen.

7.3.2.2 Mehrstufige Äquivalenzziffernkalkulation

Bei der *mehrstufigen Äquivalenzziffernkalkulation* fallen im Rahmen der Produktion noch weitere Kosten an, die jedoch nicht in einer Äquivalenzziffernreihe erfasst werden können.

Das lässt sich Carlo Sommerweizen nochmal genau durch seinen Freund Florian Gütlich anhand eines Beispiels erläutern:

Beispiel zur „Mehrstufige Äquivalenzziffernkalkulation"

Es werden zwei Erzeugnisse (E1 = Superior und E2 = Standard) produziert.
Die Kosten für E1 sind um 30 % höher als die Produktion von E2. Von E1 werden 20 Stück produziert, von E2 30 Stück. Die Gesamtkosten (vorläufig) belaufen sich auf 200.000,00 EUR. Nach Durchführung des ersten Teils des Fertigungsprozesses fallen noch zusätzliche 10.000,00 EUR an. Lagerbestandsveränderungen haben nicht stattgefunden.
Aufgabe: Bitte ermitteln Sie die Kosten pro Erzeugnis.

Gütlich ermittelt das Ergebnis anhand der Darstellung in einer Tabelle (zur besseren Übersicht). Er verwendet nachfolgende Abkürzungen: ÄZ = Äquivalenzziffer, UZ = Umrechnungszahl

Lösung zur einstufigen Äquivalenzziffernkalkulation

Sorte	Menge	ÄZ	UZ	Gesamtkosten	Stückkosten
Spalte 1	Spalte 2	Spalte 3	Spalte 4	Spalte 5	Spalte 6
E1	20	1,3	26	92.857,13	**4.642,86**
E2	30	1,0	30	107.142,87	**3.571,43**
			56	200.000,00	

Beispiel „Mehrstufigen Äquivalenzziffernkalkulation" – (Fortsetzung)

Zur Erläuterung des Ergebnisses lässt sich Florian Gütlich viel Zeit. Er erklärt seinem Freund Carlo im Detail die Vorgehensweise. Er zeigt eine schrittweise Vorgehensweise auf:

- (Spalte 1 + 2): Darstellung von Sorte und Menge in Spaltenform lt. Aufgabenstellung
- (Spalte 3): Ermittlung der Äquivalenzziffer (hier: Sorte E1 ist Basis und wird = 1,0 gesetzt); im Anschluss wird das Verhältnis des bzw. der anderen Erzeugnisse zur Basis prozentual oder in dezimaler Form ermittelt
- (Spalte 4): Ermittlung der (gewichteten) Umrechnungszahl durch Multiplikation von Menge und Äquivalenzziffer
- (Spalte 4): Addition der einzelnen Umrechnungszahlen
- (Spalte 5): Gesamtkosten (hier: 200.000 €) im Verhältnis zu den gewichteten Umrechnungszahlen
- (Spalte 6): Gesamtkosten pro Sorte (Spalte 5) dividiert durch die Menge (Spalte 2) ergeben die Stückkosten

Sommerweizen versteht die Vorgehensweise und wird sich später hierzu noch eine Übungsaufgabe anschauen.

Carlo überlegt und stellt fest, dass der erste Rechenschritt genauso wie bei der einstufigen Methode funktioniert, so wie es ihm Gütlich auch bestätigt.

Doch nun müssen noch die zusätzlichen 10.000,00 EUR berücksichtigt werden, die neben den vorläufigen Gesamtkosten (ursprünglich 200.000,00 EUR) anfallen.

7.3 Kostenträgerstückrechnung

Beispiel zur „Mehrstufige Äquivalenzziffernkalkulation" – (Fortsetzung)

Lösung: Die zusätzlichen Kosten in Höhe von 10.000,00 EUR werden auf die produzierte Menge verteilt.

$$\text{Selbstkosten pro Einheit} = \frac{10.000,00 \text{ €}}{56 \text{ Stück}} = 178,57 \text{ €/Stck}$$

Die Selbstkosten für die jeweiligen Erzeugnisse errechnen sich wie folgt:
E1: 4.642,86 € + 178,57 € = 4.821,43 €/Stck.
E2: 3.571,43 € + 178,57 € = 3.750,00 €/Stck.

Sommerweizen kann auch dieses Beispiel ohne größere Probleme nachvollziehen und wird es später anhand einer Übungsaufgabe nochmal wiederholen.

7.3.3 Zuschlagskalkulation

In diesem Kapitel beschäftigt sich Carlo Sommerweizen mit der sogenannten *Zuschlagskalkulation*. Hier werden die Gemeinkosten ermittelt, indem man einen Zuschlagssatz (in %) mit den jeweiligen Einzelkosten multipliziert.

Carlo Sommerweizen schaut sich das allgemeine Berechnungsschema an:

Allgemeines Schema zur Zuschlagskalkulation

Schema (allgemein) zur Zuschlagskalkulation

	Position	EUR	EUR
	Materialeinzelkosten		
+	Materialgemeinkosten (v.H.)		
=	**Materialkosten**		
	Fertigungseinzelkosten		
+	Fertigungsgemeinkosten (v.H.)		
+	Sondereinzelkosten der Fertigung (v.H.)		
=	**Fertigungskosten**		
=	**Herstellkosten (Material- + Fertigungskosten)**		
+	Verwaltungsgemeinkosten (v.H.)		
+	Vertriebsgemeinkosten (v.H.)		
+	Sondereinzelkosten des Vertriebs (v.H.)		

(Fortsetzung)

	Position	EUR	EUR
=	**Selbstkosten**		
+	Gewinn (v.H. der Selbstkosten)		
=	**Barverkaufspreis**		
+	Kundenskonto (i.H.)		
+	Vertreterprovision (i.H.)		
=	**Zielverkaufspreis**		
+	Rabatt (i.H.)		
=	**Listenverkaufspreis (netto, exkl. USt)**		
+	Umsatzsteuer (v.H.)		
=	**Listenverkaufspreis (brutto, inkl. USt)**		

Nachdem sich Sommerweizen das allgemeine Schema eingeprägt hat, schaut er sich hierzu ein einfaches Beispiel an.

Beispiel zur Zuschlagskalkulation Carlo Sommerweizen lässt sich von seinem Freund Florian Gütlich die nachfolgende Zuschlagskalkulation erläutern. Zum besseren Verständnis legt er sich das allgemeine Schema neben die Aufgabenstellung und versucht, die Berechnung nachzuvollziehen.

Beispiel zur Zuschlagskalkulation

Unternehmer U stellt große Elektromotoren her und veräußert sie an bestimmte Abnehmer, die diese Motoren zu Produktionszwecken nach Einbau in diverse Maschinen einsetzen.

Es sind folgende Daten gegeben, die im Rahmen der Zuschlagskalkulation berücksichtigt werden sollen:

Materialeinzelkosten: 2.500,00 EUR, Fertigungslöhne: 3.200,00 EUR, Materialgemeinkostenzuschlagssatz: 19 %, Fertigungsgemeinkostenzuschlagssatz: 120 %, Verwaltungsgemeinkostenzuschlagssatz: 16 %, Vertriebsgemeinkostensatz: 5 %, Sondereinzelkosten des Vertriebs: 180,00 EUR

Darüber hinaus ist ein Gewinnzuschlag in Höhe von 25 %, eine Vertreterprovision in Höhe von 6 %, Skonto in Höhe von 2 % und einen Großkundenrabatt in Höhe von 20 % zu berücksichtigen. Der Umsatzsteuersatz beträgt 19 %.

Frage: Wie hoch ist der Bruttolistenverkaufspreis? Ermitteln Sie bitte anhand des vorliegenden Schemas.

7.3 Kostenträgerstückrechnung

Beispiel zur Zuschlagskalkulation

	Position	EUR	EUR
	Materialeinzelkosten	2.500,00	
+	Materialgemeinkosten (2.500,00 € x 19 %)	475,00	
=	**Materialkosten**		2.975,00
	Fertigungseinzelkosten	3.200,00	
+	Fertigungsgemeinkosten (3.200,00 € x 120 %)	3.840,00	
+	Sondereinzelkosten der Fertigung	0,00	7.040,00
=	**Fertigungskosten**		
=	**Herstellkosten (Material- + Fertigungskosten)**		10.015,00
+	Verwaltungsgemeinkosten (10.015,00 € x 16 %)	1.602,40	
+	Vertriebsgemeinkosten (10.015,00 € x 5 %)	500,75	
+	Sondereinzelkosten des Vertriebs	180,00	2.283,15
=	**Selbstkosten**		12.298,15
+	Gewinn (12.298,15 € x 25 %)		3.074,54
=	**Barverkaufspreis (92 %)**		15.372,69
+	Kundenskonto (2 % v. 16.709,45 €)		334,19
+	Vertreterprovision (6 % v. 16.709,45 €)		1.002,57
=	**Zielverkaufspreis (15.372,69 € / 92 x 100)**		16.709,45
+	Rabatt (20 % vom 20.886,81 €)		4.177,36
=	**Listenverkaufspreis (netto) (16.709,45 €/80 x 100)**		20.886,81
+	Umsatzsteuer (19 % von 20.886,81 €)		3.968,50
=	**Listenverkaufspreis (brutto, inkl. USt)**		24.855,31

Mit Hilfe des allgemeinen Schemas kann Carlo Sommerweizen das Beispiel sehr gut nachvollziehen. Er wird es später bei den Berechnungsbeispielen weiter üben.

7.3.4 Handelskalkulation

Die Handelskalkulation wird in der Praxis eingesetzt, um einen gewinnorientierten Verkaufspreis eines Handelsgutes ermitteln zu können. Carlo Sommerweizen schaut sich zunächst ein allgemeines Schema zur Handelskalkulation an.

Allgemeines Schema zur Handelskalkulation
Schema (allgemein) zur Handelskalkulation

	Position	Anteil in%	EUR
	Listeneinkaufspreis		
+	Lieferantenrabatt		
=	**Zieleinkaufspreis**		
./.	Lieferantenskonto (v.H.)		
=	**Bareinkaufspreis**		
+	Bezugskosten		
=	**Bezugspreis (Einstandspreis)**		
+	Gemeinkosten (Handlungskosten)		
=	**Selbstkosten**		
+	Gewinnzuschlag		
=	**Barverkaufspreis**		
+	Kundenskonto (i.H.)		
+	Vertreterprovision (i.H.)		
=	**Zielverkaufspreis**		
+	Kundenrabatt (i.H.)		
=	**Listenverkaufspreis (netto, excl. USt)**		
+	Umsatzsteuer (v.H.)		
=	**Listenverkaufspreis (brutto, inkl. USt)**		

Nachdem sich Sommerweizen das allgemeine Schema eingeprägt hat, schaut er sich hierzu ein einfaches Beispiel an.

Beispiel zur Handelskalkulation Carlo schaut sich nun ein Beispiel zur Handelskalkulation an. Es ist zu beachten, dass hier eingekaufte Handelsware veräußert wird und keine Produktion (wie bei der Zuschlagskalkulation) stattfindet.

Sachverhalt zur Handelskalkulation

Die XY-GmbH bezieht 500 Stück Ware der Marke „Diamond" zu einem Nettopreis in Höhe von insgesamt 15.000,00 EUR. Der Lieferant gewährt dem

7.3 Kostenträgerstückrechnung

Unternehmen 10 % Rabatt und 2 % Skonto. Die Bezugskosten belaufen sich auf 5,50 Euro pro Gut. Der Handlungskostenzuschlag soll 25 % betragen. Die Handelswaren werden mit 3 % Rabatt, 2 % Skonto und 10 % Vertreterprovision an unterschiedliche Einzelhändler in Hessen verkauft. Der Gewinn soll 11 % betragen.

Frage: Wie hoch ist der Bruttolistenverkaufspreis? Ermitteln Sie bitte anhand des Ihnen vorliegenden Schemas.

Schema (allgemein) zur Handelskalkulation

	Position	EUR	EUR
	Listeneinkaufspreis	15.000,00	
./.	Lieferantenrabatt (15.000,00 x 10 %)	1.500,00	
=	**Zieleinkaufspreis**		**13.500,00**
./.	Lieferantenskonto (2 % vom 13.500,00 €))		270,00
=	**Bareinkaufspreis**		**13.230,00**
+	Bezugskosten (5,50 € x 500 Stück)		2.750,00
=	**Bezugspreis (Einstandspreis)**		**15.980,00**
+	Handlungskostenzuschlag (25 % von 15.980,00 €)		3.995,00
=	**Selbstkosten**		**19.975,00**
+	Gewinnzuschlag (11 % von 19.975,00 €)		2.197,25
=	**Barverkaufspreis (88 %)**		**22.172,25**
+	Kundenskonto (2 % von 25.195,74 €)	503,92	
+	Vertreterprovision (10 % von 25.195,74 €)	2.519,57	3.023,49
=	**Zielverkaufspreis (22.172,25 €/88 x 100)**		**25.195,74**
+	Kundenrabatt (3 % von 25.974,99 €)		779,25 €
=	**Listenverkaufspreis (25.195,74 €/97 x 100)**		**25.974,99**
+	Umsatzsteuer (19 % von 25.974,99 €)		4.935,25
=	**Listenverkaufspreis (brutto, inkl. USt)**		**30.910,24**

Sommerweizen weiß, dass er sich später noch einmal sehr ausführlich mit dieser Art der Kalkulation auseinandersetzen wird.

7.3.5 Kuppelkalkulation

Abschließend schaut sich Sommerweizen im Rahmen der Kostenträgerrechnung noch ein Beispiel zur Kuppelkalkulation an. Diese Art der Kalkulation wird angewandt, wenn neben der Produktion eines Haupterzeugnisses noch Nebenerzeugnisse abfallen, die zur Minderung der Herstellungskosten des Haupterzeugnisses beitragen. Hierzu schaut sich Sommerweizen wieder ein Beispiel an:

Beispiel zur Kuppelkalkulation

Unternehmer U stellt ein Haupterzeugnis (E1) her. Hierbei entsteht zwangsläufig zwei Nebenerzeugnisse (E2 + E3).
Folgende Daten sind zu berücksichtigen:
Menge Haupterzeugnis (E1): 1.000 Stück; Kosten für den Kuppelprozess (gesamt): 500.000,00 EUR; Sonderkosten für die Nebenerzeugnisse (gesamt) nach Abschluss des Kuppelprozesses: 120.000,00 EUR; Sonderkosten für das Haupterzeugnis nach Abschluss des Kuppelprozesses: 15.000,00 EUR; Erlöse aus dem Verkauf der beiden Nebenerzeugnisse (E2 + E3): 200.000,00 EUR

Frage: Wie hoch sind die Gesamtkosten des Haupterzeugnisses nach Beendigung des Kuppelprozesses?

Lösungsansatz:

Beispiel zur Kuppelkalkulation

		EUR
Kosten des Kuppelprozesses (gesamt) lt. Aufgabe		500.000,00
./. Gewinn aus Veräußerung der Nebenerzeugnisse (Erlöse./. Sonderkosten = Überschuss) 200.000,00 €./. 120.000,00 € = 80.000,00 €	./.	80.000,00
= Zwischensumme		420.000,00
+ Sonderkosten für Haupterzeugnis nach Abschluss des Kuppelprozesses	+	15.000,00
= Kosten für Produktion des Haupterzeugnisses		**435.000,00**

Sommerweizen überlegt: hätte man das Nebenerzeugnis nicht gewinnbringend veräußern können, wären die Kosten für die Produktion des Haupterzeugnisses (E1) höher ausgefallen. Auch diese Berechnung wird er sich später noch einmal anschauen.

7.4 Wichtige Definitionen

Handelskalkulation	Die Handelskalkulation dient der Ermittlung von gewinnorientierten Verkaufspreisen bei Handelswaren.
Zuschlagskalkulation	Die Zuschlagskalkulation (auch: Fertigungskalkulation) dient der Ermittlung von Selbstkosten und Verkaufspreisen von selbst hergestellten Erzeugnissen.
Kalkulation	Mit Hilfe von Kalkulationen werden wichtige Informationen zur Erstellung einer Leistung (z. B. Erzeugnis) rechnerisch zusammengestellt. Ziel ist die Ermittlung von z. B. Selbstkosten und Verkaufspreisen.
Kostenträger	Als Kostenträger bezeichnet man den Kostenverursacher (z. B. Leistung oder Objekt).
Kostenträgerrechnung	Die Kostenträgerrechnung ist die Rechnung, die sich mit der Ermittlung der Kosten (z. B. Selbstkosten) für ein Objekt oder eine Leistung beschäftigt.
Kostenträgerstückrechnung	Die Kostenträgerstückrechnung (auch Kalkulation) ermittelt die im Rahmen der Produktion angefallenen Kosten pro Stück.
Kostenträgerzeitrechnung	Die Kostenträgerzeitrechnung ermittelt die Kosten für die Produktion z. B. eines Gutes während einer bestimmten Betrachtungsperiode.
Selbstkosten	Als Selbstkosten bezeichnet man solche Kosten, welche bei der Herstellung (Produktion) von Gütern oder Dienstleistungen entstanden sind.

7.5 Zusammenfassende Lernkontrolle

Die folgenden Fragen und Übungen helfen das neu erlernte oder aufgefrischte Fachwissen zu vertiefen und zu festigen.

7.5.1 Kontrollfragen

1. Nennen Sie bitte 2 Aufgaben der Kostenträgerrechnung.
2. Wodurch unterscheidet sich die Kostenträgerzeitrechnung von der Kostenträgerstückrechnung?
3. Welcher Verfahren bedient sich die Kostenträgerzeitrechnung?

4. Welche Kalkulationsmethode wird bei homogenen Gütern, die nicht gelagert, sondern direkt veräußert werden, angewandt?
5. Was unterscheidet die zweistufige Divisionskalkulation von der einstufigen Divisionskalkulation?
6. Welche Unternehmen verwenden gerne die Äquivalenzziffernkalkulation und welchen Zweck verfolgt diese Methode?
7. Was kann mit Hilfe der Zuschlagskalkulation ermittelt werden?
8. Wie nennt man die Summe aus Material- und Fertigungskosten im Rahmen eines betrieblichen Produktionsprozesses?
9. Stimmt es, dass im Rahmen der Kuppelkalkulation die Gesamtkosten für die Produktion des Haupterzeugnisses reduziert werden, sofern ein Gewinn aus der Veräußerung der Nebenprodukte erzielt wird?
10. Nennen Sie bitte ein Beispiel für die Situation, in der die Kuppelkalkulation angewendet wird.

7.5.2 Lösungen zu den Kontrollfragen

1. Ermittlung von Herstellkosten (z. B. unfertige Erzeugnisse), Entscheidungshilfe für Zusatzauftrag
2. Die Kostenträgerzeitrechnung betrachtet die Kosten für die Produktion von Leistungen innerhalb einer bestimmten Abrechnungsperiode, während die Kostenträgerstückrechnung die Kosten pro produzierter Einheit ermittelt.
3. Umsatzkosten- und Gesamtkostenverfahren
4. Einstufige Divisionskalkulation
5. Sie unterscheiden sich in der Lagerbestandsveränderung und den hiermit verbundenen Verwaltungs- und Vertriebskosten.
6. Betriebe mit Sortenfertigung verwenden gerne die ein- oder mehrstufige Äquivalenzziffernkalkulation zur Aufteilung der Gesamtkosten auf die jeweilige Sorte.
7. Bruttolistenverkaufspreis
8. Herstellkosten
9. Ja, die Aussage ist korrekt.
10. Schreinerei: Holz (Haupterzeugnis) und Sägespäne (Nebenerzeugnis)

7.5.3 Übungen

1. Bitte erstellen Sie aufgrund des nachfolgenden Sachverhaltes eine aussagekräftige Handelskalkulation mit Hilfe des beigefügten Schemas:

7.5 Zusammenfassende Lernkontrolle

Sachverhalt zur Zuschlagskalkulation (Aufgabe 1)

Unternehmer U stellt kleine Elektromotoren her und veräußert sie an bestimmte Abnehmer (Werkstätten), die diese Motoren zu Reparaturzwecken einsetzen. Es sind folgende Daten gegeben, die im Rahmen der Zuschlagskalkulation berücksichtigt werden sollen.

Materialeinzelkosten: 2.600,00 EUR, Fertigungslöhne: 3.300,00 EUR, Materialgemeinkostenzuschlagssatz: 19 %, Fertigungsgemeinkostenzuschlagssatz: 120 %, Verwaltungsgemeinkostenzuschlagssatz: 16 %, Vertriebsgemeinkostensatz: 5 %, Sondereinzelkosten des Vertriebs: 180,00 EUR

Darüber hinaus ist ein Gewinnzuschlag in Höhe von 20 %, eine Vertreterprovision in Höhe von 6 %, Skonto in Höhe von 2 % und einen Großkundenrabatt in Höhe von 10 % zu berücksichtigen. Der Umsatzsteuersatz beträgt 19 %

Frage: Wie hoch ist der Bruttolistenverkaufspreis? Ermitteln Sie bitte anhand des vorliegenden Schemas.

Lösungsschema zur Zuschlagskalkulation (Aufgabe 1)

	Position	EUR	EUR
+			
=	**Materialkosten**		??
=	**Fertigungskosten**		??
=	**Herstellkosten**		??
=	??		??
=	**Barverkaufspreis**		??

(Fortsetzung)

	Position	EUR	EUR
=	??		??
=	Listenverkaufspreis (netto, exkl. USt)		??
=	**Listenverkaufspreis (brutto, inkl. USt)**		??

2. Bitte erstellen Sie aufgrund des nachfolgenden Sachverhaltes eine aussagekräftige Handelskalkulation mit Hilfe des beigefügten Schemas:

Sachverhalt zur Handelskalkulation (Aufgabe 2)

Die XY-GmbH bezieht 400 Stück Ware der Marke „Exklusiv" zu einem Nettopreis in Höhe von insgesamt 14.000,00 EUR. Der Lieferant gewährt dem Unternehmen 10 % Rabatt und 2 % Skonto. Die Bezugskosten belaufen sich auf 6,50 Euro pro Gut. Der Handlungskostenzuschlag soll 25 % betragen. Die Handelswaren werden mit 3 % Rabatt, 3 % Skonto und 10 % Vertreterprovision an unterschiedliche Einzelhändler in Hessen verkauft. Der Gewinn soll 11 % betragen.

Frage: Wie hoch ist der Bruttolistenverkaufspreis? Ermitteln Sie bitte anhand des Ihnen vorliegenden Schemas.

Lösung zur Handelskalkulation (Aufgabe 2)

	Position	EUR	EUR

7.5 Zusammenfassende Lernkontrolle

(Fortsetzung)

Position	EUR	EUR

3. Sommerweizen schaut sich nun eine Aufgabe im Rahmen des Gesamtkostenverfahrens an:

Sachverhalt zum Gesamtkostenverfahren (Bestandsminderung) (Aufgabe 3)

Es seien folgende Daten für den April 01 gegeben:
Herstellkosten pro Stück 30,00 EUR, Umsatzerlös pro Stück 100,00 EUR, produzierte Anzahl (Menge): 1.500 Stück, Verwaltungskosten 200,00 EUR und Vertriebskosten 600,00 EUR, verkaufte Menge: 1.700 Stück
Aufgabe: Bitte ermitteln Sie den betrieblichen Erfolg (Betriebsergebnis) nach dem *Gesamtkostenverfahren*.

Lösung zum Gesamtkostenverfahren (Bestandsminderung)

			Berechnung	EUR	EUR
=			**Betriebsergebnis**		??

4. Sommerweizen schaut sich nun ein Rechenbeispiel zum Umsatzkostenverfahren an:

Sachverhalt zum Umsatzkostenverfahren (Bestandserhöhung) (Aufgabe 4)

Es seien folgende Daten für den März 01 gegeben:
Herstellkosten pro Stück 20,00 EUR, Umsatzerlös pro Stück 150,00 EUR, produzierte Anzahl (Menge): 2.000 Stück, Verwaltungskosten 100,00 EUR und Vertriebskosten 500,00 EUR, verkaufte Menge: 1.700 Stück
Aufgabe: Bitte ermitteln Sie den betrieblichen Erfolg (Betriebsergebnis) nach dem *Umsatzkostenverfahren*.

Berechnung zum Beispiel Umsatzkostenverfahren (Bestandserhöhung) (Aufgabe 4)

		Berechnung	EUR	EUR
=	**Betriebsergebnis**			??

Lösung zum Umsatzkostenverfahren (Bestandserhöhung) – Fortsetzung – (Aufgabe 4)

Sommerweizen kommt zum richtigen Ergebnis und freut sich, dass er den Teil der Kostenträgerrechnung verstanden hat.

5. Sommerweizen schaut sich eine Übungsaufgabe zur einstufigen Divisionskalkulation an:

Sachverhalt zur einstufigen Divisionskalkulation (Aufgabe 5)

Ein Stromproduzent stellt Energie in Form von Strom (kWh) her. Im Monat April 01 sind 400.000,00 EUR an Gesamtkosten (K) entstanden bei einer Produktion von 1.500.000 kWh.
Frage: Wie hoch sind die Kosten pro Einheit (kWh)?

7.5 Zusammenfassende Lernkontrolle

6. Sommerweizen schaut sich auch eine Übungsaufgabe zur zweistufigen Divisionskalkulation an:

Sachverhalt zur zweistufigen Divisionskalkulation (Aufgabe 6)
Es seien folgende Daten für den März 01 gegeben:
Herstellkosten der Periode: 300.000,00 EUR, Umsatzerlös pro Stück 100,00 EUR, produzierte Anzahl (Menge): 2.000 Stück, Verwaltungskosten 2.000,00 EUR und Vertriebskosten 5.000,00 EUR, verkaufte Menge: 1.700 Stück
Aufgabe: Bitte ermitteln Sie die Selbstkosten pro Einheit und ermitteln Sie die zu aktivierenden Herstellkosten für die nicht veräußerten Erzeugnisse.

7. Nun versucht sich Carlo Sommerweizen in der Lösung einer Übungsaufgabe zur einstufigen Äquivalenzziffernkalkulation.

Sachverhalt zur einstufigen Äquivalenzziffernkalkulation (Aufgabe 7)
Es werden zwei Erzeugnisse (E1 = Superior und E2 = Standard) produziert.
Die Kosten für E1 sind um 40 % höher als die Produktion von E2. Von E1 werden 25 Stück produziert, von E2 30 Stück. Die Gesamtkosten belaufen sich auf 150.000,00 EUR. Bisher haben keine Lagerbestandsveränderungen stattgefunden.
Aufgabe: Bitte ermitteln Sie die Kosten pro Erzeugnis.

Gütlich ermittelt das Ergebnis anhand der Darstellung in einer Tabelle (zur besseren Übersicht). Er verwendet nachfolgende Abkürzungen: ÄZ = Äquivalenzziffer, UZ = Umrechnungszahl

Lösung zur einstufigen Äquivalenzziffernkalkulation (Aufgabe 7)

Sorte	Menge	ÄZ	UZ	Gesamtkosten	Stückkosten
Spalte 1	Spalte 2	Spalte 3	Spalte 4	Spalte 5	Spalte 6

8. Und nun eine weitere Übungsaufgabe, nun zur mehrstufigen Äquivalenzziffernkalkulation

Sachverhalt zur mehrstufigen Äquivalenzziffernkalkulation (Aufgabe 8)

Es werden zwei Erzeugnisse (E1 = Superior und E2 = Standard) produziert. Die Kosten für E1 sind um 20 % höher als die Produktion von E2. Von E1 werden 20 Stück produziert, von E2 30 Stück. Die Gesamtkosten (vorläufig) belaufen sich auf 160.000,00 EUR. Nach Durchführung des ersten Teils des Fertigungsprozesses fallen noch zusätzliche 15.000,00 EUR an. Lagerbestandsveränderungen haben nicht stattgefunden.

Aufgabe: Bitte ermitteln Sie die Kosten pro Erzeugnis.

Gütlich ermittelt das Ergebnis anhand der Darstellung in einer Tabelle (zur besseren Übersicht). Er verwendet nachfolgende Abkürzungen: ÄZ = Äquivalenzziffer, UZ = Umrechnungszahl

Lösung zur einstufigen Äquivalenzziffernkalkulation (Aufgabe 8)

Sorte	Menge	ÄZ	UZ	Gesamtkosten	Stückkosten
Spalte 1	Spalte 2	Spalte 3	Spalte 4	Spalte 5	Spalte 6

Weitere Berechnung des weiteren Lösungsweges:

Ermittlung der Kosten pro Erzeugnis bei der mehrstufigen Äquivalenzziffernkalkulation (Aufgabe 8)

9. Carlo Sommerweizen schaut sich nun noch ein abschließendes Berechnungsbeispiel zur Kuppelkalkulation an:

7.5 Zusammenfassende Lernkontrolle

Sachverhalt zur Kuppelkalkulation (Aufgabe 9)

Unternehmer U stellt ein Haupterzeugnis (E1) her. Hierbei entsteht zwangsläufig zwei Nebenerzeugnisse (E2 + E3).

Folgende Daten sind zu berücksichtigen:
Menge Haupterzeugnis (E1): 1000 Stück; Kosten für den Kuppelprozess (gesamt): 600.000,00 EUR; Sonderkosten für die Nebenerzeugnisse (gesamt) nach Abschluss des Kuppelprozesses: 130.000,00 EUR; Sonderkosten für das Haupterzeugnis nach Abschluss des Kuppelprozesses: 14.000,00 EUR; Erlöse aus dem Verkauf der beiden Nebenerzeugnisse (E2 + E3): 250.000,00 EUR

Frage: Wie hoch sind die Gesamtkosten des Haupterzeugnisses nach Beendigung des Kuppelprozesses?

Lösungsansatz:

Lösung zur Kuppelkalkulation (Aufgabe 9)

		EUR

7.5.4 Lösungen zu den Übungen

1. Anbei die Lösung zur Zuschlagskalkulation:

Lösungsschema zur Zuschlagskalkulation (Aufgabe 1)

	Position	EUR	EUR
	Materialeinzelkosten	2.600,00	
+	Materialgemeinkosten (2.600,00 € x 19 %)	494,00	
=	**Materialkosten**		**3.094,00**
	Fertigungseinzelkosten	3.300,00	
+	Fertigungsgemeinkosten (3.300,00 € x 120 %)	3.960,00	

(Fortsetzung)

	Position	EUR	EUR
+	Sondereinzelkosten der Fertigung	0,00	
=	**Fertigungskosten**		7.260,00
=	**Herstellkosten (Material- + Fertigungskosten)**		**10.354,00**
+	Verwaltungsgemeinkosten (10.354,00 € x 16 %)	1.656,64	
+	Vertriebsgemeinkosten (v.H.) (10.354,00 € x 5 %)	517,70	
+	Sondereinzelkosten des Vertriebs	180,00	2.354,34
=	**Selbstkosten**		**12.708,34**
+	Gewinn (12.708,34 € x 20 %)		2.541,67
=	**Barverkaufspreis (92 %)**		**15.250,01**
+	Kundenskonto (2 % v. 16.576,10 €)		331,52
+	Vertreterprovision (i.H. vom Zielverkaufspreis; 6 % v. 16.576,10 €)		994,57
=	**Zielverkaufspreis (15.250,01 €/92 x 100)**		**16.576,10**
+	Rabatt (10 % vom 18.417,89 €)		1.841,79
=	**Listenverkaufspreis (16.576,10 €/90 x 100)**		**18.417,89**
+	Umsatzsteuer (19 % vom 18.417,89 €)		3.499,40
=	**Listenverkaufspreis (brutto, inkl. USt)**		**21.917,29**

2. Nun schaut sich Carlo Sommerweizen die Lösung zur Handelskalkulation an:

Lösung zur Handelskalkulation (Aufgabe 2)

	Position	EUR	EUR
	Listeneinkaufspreis	14.000,00	
./.	Lieferantenrabatt (14.000,00 x 10 %)	1.400,00	
=	**Zieleinkaufspreis**		**12.600,00**
./.	Lieferantenskonto (2 % vom 12.600,00 €)		252,00
=	**Bareinkaufspreis**		**12.348,00**
+	Bezugskosten (6,50 € x 400 Stück)		2.600,00

7.5 Zusammenfassende Lernkontrolle

(Fortsetzung)

	Position	EUR	EUR
=	**Bezugspreis (Einstandspreis)**		14.948,00
+	Handlungskostenzuschlag (25 % von 14.948,00 €)		3.737,00
=	**Selbstkosten**		18.685,00
+	Gewinnzuschlag (11 % von 18.685,00 €)		2.055,35
=	**Barverkaufspreis**		20.740,35
+	Kundenskonto (3 % von 23.839,48 €)	715,18	
+	Vertreterprovision (10 % von 23.839,48 €)	2.383,95	3.099,13
=	**Zielverkaufspreis (20.740,35 €/87 x 100)**		23.839,48
+	Kundenrabatt (3 % von 24.576,78 €)		737,30 €
=	**Listenverkaufspreis (23.839,48 €/97 x 100)**		24.576,78
+	Umsatzsteuer (19 % von 24.576,78 €)		4.669,59
=	**Listenverkaufspreis (brutto, inkl. USt)**		29.246,37

3. Lösungsvorschlag zum Gesamtkostenverfahren

> **Lösung zum Gesamtkostenverfahren (Bestandsminderung) (Aufgabe 3)**
> Es seien folgende Daten für den April 01 gegeben:
> Herstellkosten pro Stück 30,00 EUR, Umsatzerlös pro Stück 100,00 EUR, produzierte Anzahl (Menge): 1.500 Stück, Verwaltungskosten 200,00 EUR und Vertriebskosten 600,00 EUR, verkaufte Menge: 1.700 Stück
> **Aufgabe**: Bitte ermitteln Sie den betrieblichen Erfolg (Betriebsergebnis) nach dem *Gesamtkostenverfahren*.

Lösung zum Gesamtkostenverfahren (Bestandsminderung)

			Berechnung	EUR	EUR
		Umsatzerlöse	*Verkaufte* Menge x Preis: 1.700 Stück x 100,00 €		170.000,00
	./.	Bestandsminderung	200 Stück x 30,00 €		6.000,00
=		**Betriebsertrag**			**164.000,00**
		Herstellkosten	*Produzierte* Menge x Herstellkosten: 1.500 Stück x 30,00 €	45.000,00	

(Fortsetzung)

			Berechnung	EUR	EUR
	./.	Verwaltungskosten	Lt. Aufgabenstellung	200,00	
	./.	Vertriebskosten	Lt. Aufgabenstellung	600,00	
		Gesamte Kosten			**45.800,00**
=		**Betriebsergebnis (Gewinn)**			**118.200,00**

Lösung zum Gesamtkostenverfahren (Bestandsminderung) – Fortsetzung (Aufgabe 3)

Carlo Sommerweizen ermittelt das korrekte Ergebnis und freut sich über die neu erzielten Kenntnisse.

4. Lösungsvorschlag zum Umsatzkostenverfahren

Lösung zum Umsatzkostenverfahren (Bestandserhöhung) (Aufgabe 4)

Es seien folgende Daten für den März 01 gegeben:
Herstellkosten pro Stück 20,00 EUR, Umsatzerlös pro Stück 150,00 EUR, produzierte Anzahl (Menge): 2.000 Stück, Verwaltungskosten 100,00 EUR und Vertriebskosten 500,00 EUR, verkaufte Menge: 1.700 Stück

Aufgabe: Bitte ermitteln Sie den betrieblichen Erfolg (Betriebsergebnis) nach dem *Umsatzkostenverfahren*.

Berechnung zum Beispiel Umsatzkostenverfahren (Bestandserhöhung)

			Berechnung	EUR	EUR
		Umsatzerlöse	*verkaufte* Menge x Preis: 1.700 Stück x 150,00 €		**255.000,00**
	./.	Selbstkosten			
		Herstellkosten	Produzierte Menge x Herstellkosten: 2.000 Stück x 20,00 €	40.000,00	

7.5 Zusammenfassende Lernkontrolle

(Fortsetzung)

			Berechnung	EUR	EUR
./.		Bestandserhöhung Lager	300 Stück x 20,00 €	6.000,00	
+		Verwaltungskosten	Lt. Aufgabenstellung	100,00	
+		Vertriebskosten	Lt. Aufgabenstellung	500,00	
		Gesamte Kosten			34.600,00
=		**Betriebsergebnis (Gewinn)**			**220.400,00**

Sommerweizen kommt zum richtigen Ergebnis und freut sich, dass er den Teil der Kostenträgerrechnung verstanden hat.

5. Folgender Lösungsvorschlag zur einstufigen Divisionskalkulation schaut sich Sommerweizen an:

Sachverhalt zur einstufigen Divisionskalkulation (Aufgabe 5)

Ein Stromproduzent stellt Energie in Form von Strom (kWh) her. Im Monat April 01 sind 400.000,00 EUR an Gesamtkosten (K) entstanden bei einer Produktion von 1.500.000 kWh.
Frage: Wie hoch sind die Kosten pro Einheit (kWh)?
Anzuwenden ist vorgenannte Formel:

$$\text{Stückkosten (K)} = \frac{\text{Gesamtkosten (K)}}{\text{produzierte Menge (x)}}$$

Auf den vorgenannten Sachverhalt angewendet, ergib sich folgendes Ergebnis:

$$\text{Stückkosten (K)} = \frac{400.000,00\ \text{€}}{1.500.000,00\ \text{kWh}} = 0{,}267\ \text{€/kWh}$$

Nach vorgenannter Berechnung kostet 1 kWh Strom 0,267 EUR.

6. Folgender Lösungsvorschlag schaut sich Sommerweizen zur zweistufigen Divisionskalkulation an:

Beispiel zur zweistufigen Divisionskalkulation (Aufgabe 6)

Es seien folgende Daten für den März 01 gegeben:
Herstellkosten der Periode: 300.000,00 EUR, Umsatzerlös pro Stück 100,00 EUR, produzierte Anzahl (Menge): 2.000 Stück, Verwaltungskosten 2.000,00 EUR und Vertriebskosten 5.000,00 EUR, verkaufte Menge: 1.700 Stück

Aufgabe: Bitte ermitteln Sie die Selbstkosten pro Einheit und ermitteln Sie die zu aktivierenden Herstellkosten für die nicht veräußerten Erzeugnisse.

Lösung: Unter Anwendung der allgemeinen Formel, lässt sich folgendes Ergebnis errechnen:

$$\text{Selbstkosten pro Einheit} = \frac{300.000,00 \, €}{2.000 \, Stück} + \frac{7.000,00 \, €}{1.700 \, Stück} = 150 \, €/\text{Stck} + 4,12 \, €/\text{Stck} = 154,12 \, €/\text{Stck}$$

Nicht verkaufte Erzeugnisse (lt. Aufgabenstellung 300 Stück) werden in der Bilanz mit folgendem Wert aktiviert:
Zugang Umlaufvermögen (Bestandserhöhung) = 154,12 €/Stück x 300 Stück = 46.236,00 €

7. Folgenden Lösungsvorschlag schaut sich Sommerweizen an:

Lösung zur einstufigen Äquivalenzziffernkalkulation (Aufgabe 7)

Es werden zwei Erzeugnisse (E1 = Superior und E2 = Standard) produziert.
Die Kosten für E1 sind um 40 % höher als die Produktion von E2. Von E1 werden 25 Stück produziert, von E2 30 Stück. Die Gesamtkosten belaufen sich auf 150.000,00 EUR. Bisher haben keine Lagerbestandsveränderungen stattgefunden.

Aufgabe: Bitte ermitteln Sie die Kosten pro Erzeugnis.

Gütlich ermittelt das Ergebnis anhand der Darstellung in einer Tabelle (zur besseren Übersicht). Er verwendet nachfolgende Abkürzungen: ÄZ = Äquivalenzziffer, UZ = Umrechnungszahl

Lösung zur einstufigen Äquivalenzziffernkalkulation

Sorte	Menge	ÄZ	UZ	Gesamtkosten	Stückkosten
Spalte 1	Spalte 2	Spalte 3	Spalte 4	Spalte 5	Spalte 6
E1	25	1,4	35	80.769,23	**3.230,77**
E2	30	1,0	30	69.230,77	**2.307,69**
			65	150.000,00	

7.5 Zusammenfassende Lernkontrolle

> **Beispiel zur einstufigen Äquivalenzziffernkalkulation (Fortsetzung) (Aufgabe 7)**
>
> Zur Erläuterung des Ergebnisses lässt sich Florian Gütlich viel Zeit. Er erklärt seinem Freund Carlo im Detail die Vorgehensweise. Er zeigt eine schrittweise Vorgehensweise auf:
>
> - (Spalte 1 + 2): Darstellung von Sorte und Menge in Spaltenform lt. Aufgabenstellung
> - (Spalte 3): Ermittlung der Äquivalenzziffer (hier: Sorte E1 ist Basis und wird = 1,0 gesetzt); im Anschluss wird das Verhältnis des bzw. der anderen Erzeugnisse zur Basis prozentual oder in dezimaler Form ermittelt
> - (Spalte 4): Ermittlung der (gewichteten) Umrechnungszahl durch Multiplikation von Menge und Äquivalenzziffer
> - (Spalte 4): Addition der einzelnen Umrechnungszahlen
> - (Spalte 5): Gesamtkosten (hier: 200.000 €) im Verhältnis zu den gewichteten Umrechnungszahlen
> - (Spalte 6): Gesamtkosten pro Sorte (Spalte 5) dividiert durch die Menge (Spalte 2) ergeben die Stückkosten

8. Sommerweizen schaut sich folgende Lösung hierzu an:

> **Sachverhalt zur mehrstufigen Äquivalenzziffernkalkulation (Aufgabe 8)**
>
> Es werden zwei Erzeugnisse (E1 = Superior und E2 = Standard) produziert.
> Die Kosten für E1 sind um 20 % höher als die Produktion von E2. Von E1 werden 20 Stück produziert, von E2 30 Stück. Die Gesamtkosten (vorläufig) belaufen sich auf 160.000,00 EUR. Nach Durchführung des ersten Teils des Fertigungsprozesses fallen noch zusätzliche 15.000,00 EUR an. Lagerbestandsveränderungen haben nicht stattgefunden.
> **Aufgabe**: Bitte ermitteln Sie die Kosten pro Erzeugnis.

Gütlich ermittelt das Ergebnis anhand der Darstellung in einer Tabelle (zur besseren Übersicht). Er verwendet nachfolgende Abkürzungen: ÄZ = Äquivalenzziffer, UZ = Umrechnungszahl
Lösung zur einstufigen Äquivalenzziffernkalkulation (Aufgabe 8)

Sorte	Menge	ÄZ	UZ	Gesamtkosten	Stückkosten
Spalte 1	Spalte 2	Spalte 3	Spalte 4	Spalte 5	Spalte 6
E1	20	1,2	24	71.111,11	**3.555,56**
E2	30	1,0	30	88.888,89	**2.962,96**
			54	160.000,00	

Lösung zur einstufigen Äquivalenzziffernkalkulation (Fortsetzung) (Aufgabe 8)

Zur Erläuterung des Ergebnisses lässt sich Florian Gütlich viel Zeit. Er erklärt seinem Freund Carlo im Detail die Vorgehensweise. Er zeigt eine schrittweise Vorgehensweise auf:

- (Spalte 1 + 2): Darstellung von Sorte und Menge in Spaltenform lt. Aufgabenstellung
- (Spalte 3): Ermittlung der Äquivalenzziffer (hier: Sorte E1 ist Basis und wird = 1,0 gesetzt); im Anschluss wird das Verhältnis des bzw. der anderen Erzeugnisse zur Basis prozentual oder in dezimaler Form ermittelt
- (Spalte 4): Ermittlung der (gewichteten) Umrechnungszahl durch Multiplikation von Menge und Äquivalenzziffer
- (Spalte 4): Addition der einzelnen Umrechnungszahlen
- (Spalte 5): Gesamtkosten (hier: 160.000 €) im Verhältnis zu den gewichteten Umrechnungszahlen
- (Spalte 6): Gesamtkosten pro Sorte (Spalte 5) dividiert durch die Menge (Spalte 2) ergeben die Stückkosten

Sommerweizen versteht die Vorgehensweise und wird sich später hierzu noch eine Übungsaufgabe anschauen.

Carlo überlegt und stellt fest, dass der erste Rechenschritt genauso wie bei der einstufigen Methode funktioniert, so wie es ihm Gütlich auch bestätigt.
Doch nun müssen noch die zusätzlichen 15.000,00 EUR berücksichtigt werden, die neben den vorläufigen Gesamtkosten (ursprünglich 160.000,00 EUR) anfallen.

Lösung zur mehrstufigen Äquivalenzziffernverfahren (Fortsetzung)

Lösung: Die zusätzlichen Kosten in Höhe von 15.000,00 EUR werden auf die produzierte Menge verteilt.

$$\text{Selbstkosten pro Einheit} = \frac{15.000,00\ \text{€}}{54\ \textit{Stück}} = 277,78\ \text{€/Stck}$$

Die Selbstkosten für die jeweiligen Erzeugnisse errechnen sich wie folgt:
E1: 3.555,56 € + 277,78 € = **3.833,34 €/Stck.**
E2: 2.962,96 € + 277,78 € = **3.240,74 €/Stck.**

9. Carlo Sommerweizen schaut sich den Lösungsvorschlag zur Kuppelkalkulation an:

Lösung zur Kuppelkalkulation (Aufgabe 9)

		EUR
Kosten des Kuppelprozesses (gesamt) lt. Aufgabe		600.000,00
./. Gewinn aus Veräußerung der Nebenerzeugnisse (Erlöse./. Sonderkosten = Überschuss) 250.000,00 €./. 130.000,00 € = 120.000,00 €	./.	120.000,00
= Zwischensumme		480.000,00
+ Sonderkosten für Haupterzeugnis nach Abschluss des Kuppelprozesses	+	14.000,00
= Kosten für Produktion des Haupterzeugnisses		**494.000,00**

Übungsklausuren 8

Die nachfolgenden Klausuren beinhalten Aufgaben aus dem Lehrbuch. Die Lösungen zu den Übungen können auf der Seite des Springer-Verlages abgerufen werden.

8.1 Übungsklausur Nr. 1 (60 Minuten Bearbeitungszeit)

Die Übungsklausur Nr. 1 sollte – wenn möglich – ohne Verwendung des Buches als Vorlage gelöst werden. Sollte die Beantwortung der Fragen nicht möglich sein, darf natürlich auch in das Buch zwecks Nachbereitung geschaut werden. Wichtig ist, dass Sie nach Bearbeitung aller Übungen die Grundlagen zur Kostenrechnung weitestgehend beherrschen.

Aufgabe 1 Bitte beantworten Sie nachfolgende Fragen in maximal 3 (vollständigen) Sätzen pro Fragestellung.

a. Wofür steht die Abkürzung „UKV" und zu welchem Teilbereich der Kostenrechnung gehört sie?
b. Welches Kalkulationsverfahren wird bei Produktion von homogenen (gleichartigen) Erzeugnissen angewandt?
c. Wozu benötigt man den Betriebsabrechnungsbogen?
d. Welcher Frage geht die Kostenstellenrechnung nach?
e. Was wird mit dem Deckungsbeitrag ermittelt?

Aufgabe 2
Fragen zu „Richtig oder Falsch" (Aufgabe 2)

Nr.	Aussage	Richtig	Falsch
1.	Die Kostenrechnung ist aufgeteilt in das interne und externe Rechnungswesen.		
2.	Die Kostenrechnung gehört zum Teilbereich des internen Rechnungswesens.		
3.	Die Kostenrechnung gehört zum Teilbereich des externen Rechnungswesens.		
4.	Es gibt eine Aufteilung der Kostenrechnung in die Kostenarten-, Kostenstellen- und Kostenträgerrechnung.		
5.	Die Kostenartenrechnung geht der Frage nach, wo die Kosten im Betrieb verursacht wurden.		
6.	Die Kostenstellenrechnung ist reine Erfindung der Autorin.		
7.	Target Costing steht für versteckte Kosten.		
8.	Die Prozesskostenrechnung gehört zu den modernen Kostenrechnungssystemen.		
9.	Bei der Prozesskostenrechnung handelt es sich um eine nahezu realistische Betrachtungsweise, die eine verursachungsgerechte, prozessorientierte Zuordnung von Kosten zulässt.		
10.	Alle Vorgänge in der Kostenrechnung müssen per Beleg nachgewiesen werden.		

Aufgabe 3 Sachverhalt zur Kuppelkalkulation

Unternehmer U stellt ein Haupterzeugnis (E1) her. Hierbei entstehen zwangsläufig zwei Nebenerzeugnisse (E2 + E3).

Folgende Daten sind zu berücksichtigen:

Menge Haupterzeugnis (E1): 1000 Stück; Kosten für den Kuppelprozess (gesamt): 700.000,00 EUR; Sonderkosten für die Nebenerzeugnisse (gesamt) nach Abschluss des Kuppelprozesses: 140.000,00 EUR; Sonderkosten für das Haupterzeugnis nach Abschluss des Kuppelprozesses: 16.000,00 EUR; Erlöse aus dem Verkauf der beiden Nebenerzeugnisse (E2 + E3): 250.000,00 EUR

Frage: Wie hoch sind die Gesamtkosten des Haupterzeugnisses nach Beendigung des Kuppelprozesses?

Lösungsansatz:

8.1 Übungsklausur Nr. 1 (60 Minuten Bearbeitungszeit)

Aufgabe zur Kuppelkalkulation (Aufgabe 3)

		EUR

Aufgabe 4 Bitte füllen Sie den nachfolgenden Lückentext sinnvoll aus.
Ermittlung Selbstkosten
Die ……………….. hat beispielsweise die Aufgabe, die ……………… im Rahmen der Zuschlagskalkulation zu ermitteln, damit eine entsprechende ………………….. zur Erzielung eines unternehmerischen Gewinns möglich wird.
Outsourcing oder Insourcing?
Die ………………….. unterstützt den Unternehmer auch bei wichtigen ………………… So kann beispielsweise mit Hilfe der …………………….. rechnerisch ermittelt werden, ob es günstiger ist, selbst zu produzieren oder die Produktion ……………………. (………………). Natürlich kann es auch betriebswirtschaftlich günstiger sein, die ausgelagerte ………………… wieder durch das eigene Unternehmen ausführen zu lassen (……………….).
Zusatzauftrag
Die Kostenträgerrechnung dient auch dazu, die Frage zu beantworten, ob die Annahme von Zusatzaufträgen …………………….. sinnvoll ist oder eher der Verzicht auf die zusätzliche Produktion von ………………………………..

Aufgabe 5

Sachverhalt zur Handelskalkulation (Aufgabe 5)

Die XY-GmbH bezieht 400 Stück Ware der Marke „Luxus" zu einem Nettopreis in Höhe von insgesamt 17.500,00 EUR. Der Lieferant gewährt dem Unternehmen 12 % Rabatt und 2 % Skonto. Die Bezugskosten belaufen sich auf 5,00 Euro pro Gut. Der Handlungskostenzuschlag soll 27 % betragen. Die Handelswaren werden mit 3 % Rabatt, 2 % Skonto und 13 % Vertreterprovision an unterschiedliche Einzelhändler in Hessen verkauft. Der Gewinn soll 15 % betragen.

Frage: Wie hoch ist der Bruttolistenverkaufspreis? Ermitteln Sie bitte anhand des Ihnen vorliegenden Schemas.

Schema (allgemein) zur Handelskalkulation (Aufgabe 5)

	Position	Anteil in %	EUR
	Listeneinkaufspreis		
+	Lieferantenrabatt		
=	**Zieleinkaufspreis**		
./.	Lieferantenskonto (v.H.)		
=	**Bareinkaufspreis**		
+	Bezugskosten		
=	**Bezugspreis (Einstandspreis)**		
+	Gemeinkosten (Handlungskosten)		
=	**Selbstkosten**		
+	Gewinnzuschlag		
=	**Barverkaufspreis (ab hier: i.H.)**		
+	Kundenskonto (i.H.)		
+	Vertreterprovision (i.H.)		
=	**Zielverkaufspreis**		
+	Kundenrabatt (i.H.)		
=	**Listenverkaufspreis (netto, excl. USt)**		
+	Umsatzsteuer (v.H.)		
=	**Listenverkaufspreis (brutto, inkl. USt)**		

Aufgabe 6

Sachverhalt zum Umsatzkostenverfahren (Bestandserhöhung) (Aufgabe 6)

Es seien folgende Daten für den März 02 gegeben:
Herstellkosten pro Stück 30,00 EUR, Umsatzerlös pro Stück 90,00 EUR, produzierte Anzahl (Menge): 1.000 Stück, Verwaltungskosten 250,00 EUR und Vertriebskosten 500,00 EUR, verkaufte Menge: 1.800 Stück
Aufgabe: Bitte ermitteln Sie den betrieblichen Erfolg (Betriebsergebnis) nach dem *Umsatzkostenverfahren*.

Berechnung zum Beispiel Umsatzkostenverfahren (Bestandserhöhung) (Aufgabe 6)

			Berechnung	EUR	EUR
=			**Betriebsergebnis**		????

8.2 Übungsklausur Nr. 2 (90 Minuten)

Die Übungsklausur Nr. 2 sollte – wenn möglich – ohne Verwendung des Buches als Vorlage gelöst werden. Sollte die Beantwortung der Fragen nicht möglich sein, darf natürlich auch in das Buch zwecks Nachbereitung geschaut werden. Wichtig ist, dass Sie nach Bearbeitung aller Übungen die Grundlagen zur Kostenrechnung weitestgehend beherrschen.

Aufgabe 1 Das Unternehmen Mustermann (Herstellung von Taschenrechnern) verkauft innerhalb einer Periode 7.000 Stück des Produktes „Exklusiv" und erzielt hiermit einen Umsatz in Höhe von 150.000,00 EUR. Es liegen darüber hinaus folgende Daten vor:

- Kosten variabel = 70.000,00 EUR
- Kosten fix = 40.000,00 EUR
- Betriebsergebnis (Gewinn) = 30.000,00 EUR

In der folgenden Periode soll eine Senkung des Verkaufspreises um 10 % je Taschenrechner erfolgen. Fixe und variable Kosten sowie das Betriebsergebnis sollen unverändert bleiben.

Bitte beantworten Sie nachfolgende Fragen:

1. Wie hoch sind die neue Absatzmenge und die entsprechenden Erlöse?
2. Mustermann geht davon aus, dass nach der Herabsetzung des Preises um 10 % die Absatzmenge in der folgenden Periode 10.000 Stück beträgt. Wie hoch ist das neue Betriebsergebnis?

Bitte ermitteln Sie die Ergebnisse nachvollziehbar.

Aufgabe 2 Erläutern Sie bitte die nachfolgenden Begriffe anhand von jeweils 2 Beispielen:

1. Zusatzkosten
2. Anderskosten
3. Grundkosten

Aufgabe 3 Die Limonaden GmbH ist Herstellerin von Zitronenlimonade. Folgende Daten sind bei Lösung dieser Aufgabe zu beachten:

- Monat April 10.000,00 Flaschen; Gesamtkosten 170.000,00 EUR
- Monat Mai 20.000,00 Flaschen; Gesamtkosten 180.000,00 EUR. Die fixen Kosten für den Zeitraum April – Juni sind konstant.
- Das Unternehmen war im April zu 50 % ausgelastet.

Bitte beantworten Sie nachfolgenden Fragen nachvollziehbar:

1. Im Juni beläuft sich die Ausbringungsmenge auf 27.000 Flaschen Limonade. Wie hoch sind die Gesamtkosten?
2. Was ist der Break-Even-Point und wo befindet er sich bei vorliegendem Sachverhalt, wenn man von einem Verkaufspreis in Höhe von 10,00 EUR ausgeht?

Aufgabe 4 Bitte beantworten Sie nachfolgende Fragen in maximal 5 Sätzen pro Antwort.

1. Was versteht man unter dem Begriff „Deckungsbeitrag"?
2. Bitte erläutern Sie die Kostenarten-, Kostenstellen- und Kostenträgerrechnung.

Aufgabe 5 Gegenstand der Elektro GmbH in Neustadt ist die Produktion diverser Maschinen für die Herstellung von Autoreifen. Für eine bestimmte Maschine fallen in der Dreherei Fertigungslöhne in Höhe von 800,00 EUR an. Die Fertigungslöhne in der Montageabteilung belaufen sich auf 300,00 EUR. Der Fertigungsgemeinkostensatz in der Dreherei beträgt 160 %, der in der Montageabteilung 70 %.

An Fertigungsmaterial wurden Kosten in Höhe von 2.200,00 EUR (netto) verbucht. Der Materialgemeinkostensatz beträgt 20 %.

Der Zuschlag für die Verwaltungsgemeinkosten soll 18 %, der für die Vertriebsgemeinkosten soll 10 % betragen. (Hinweis: Berechnung erfolgt auf der Grundlage der Herstellkosten.)

Aufgaben:

1. Bitte ermitteln Sie zunächst die Herstellkosten der Maschine in einer tabellarischen Übersicht.
2. Im Anschluss sind die Selbstkosten auf der Grundlage der zuvor ermittelten Herstellkosten auszurechnen. (Bitte auf volle 10 Cent-Beträge runden.)

8.3 Übungsklausur Nr. 3 (120 Minuten)

Aufgabe 1 Gegenstand der Union GmbH in Berlin ist die Produktion diverser Maschinen für die Herstellung von Elektromotoren. Für eine bestimmte Maschine fallen in der Dreherei Fertigungslöhne in Höhe von 1.200,00 EUR an. Die Fertigungslöhne in der Montageabteilung belaufen sich auf 1.300,00 EUR. Der Fertigungsgemeinkostensatz in der Dreherei beträgt 180 %, der in der Montageabteilung 90 %.

An Fertigungsmaterial wurden Kosten in Höhe von 2.500,00 EUR (netto) verbucht. Der Materialgemeinkostensatz beträgt 25 %.

Der Zuschlag für die Verwaltungsgemeinkosten soll 18 %, der für die Vertriebsgemeinkosten soll 10 % betragen. (Hinweis: Berechnung erfolgt auf der Grundlage der Herstellkosten.)

Aufgaben:

1. Bitte ermitteln Sie zunächst die Herstellkosten der Maschine in einer tabellarischen Übersicht.
2. Im Anschluss sind die Selbstkosten auf der Grundlage der zuvor ermittelten Herstellkosten auszurechnen. (Bitte auf volle 10 Cent-Beträge runden.)

Aufgabe 2

Sachverhalt zu Betriebsabrechnungsbogen (Aufgabe 2)

Bitte vervollständigen Sie den beigefügten Betriebsabrechnungsbogen. Die Bezugsgrößentabelle benötigen Sie zur verursachungsgerechten Zuordnung der angefallen Kosten. Die Aufgabe ist gelöst, wenn Sie den beiden Endkostenstellen „Fertigungsstelle" und dem „Materialbereich" (im Betriebsabrechnungsbogen) die zugehörigen Einzel- und Gemeinkosten zuordnen konnten.

Bezugsgrößentabelle zu „Betriebsabrechnungsbogen" (Aufgabe 2)

	Hilfskostenstelle allgemeine Kosten		Hilfskostenstelle Fertigung		Endkosten-/Hauptkostenstellen		
	Kantine	Werkschutz	Werkstatt	Personal	Fertigungsstelle	Material	**Summe**
Energie (kWh)	2	12	3	2	4	3	**26**
m²	40	–	50	20	100	200	**410**
Personenzahl	4	2	5	6	8	5	**30**

Sachverhalt zu Betriebsabrechnungsbogen (Fortsetzung) (Aufgabe 2)

Folgende Kosten werden nach entsprechenden Verteilungsschlüsseln zugeordnet:

- Energiekosten nach Verbrauch (kWh)
- Kalkulatorische Miete (m²)
- Sozialkosten nach Personenzahl

Einzelkosten im Betriebsabrechnungsbogen werden den Endkostenstellen direkt zugeordnet. Eine Verteilung nach Umlageschlüssel erfolgt nicht.

Hinsichtlich der Kostenstellenumlage sind folgende Informationen zu beachten:

- Die Kosten für die Kantine sind gleichmäßig auf alle Kostenstellen zu verteilen.

8.3 Übungsklausur Nr. 3 (120 Minuten)

- Die Kosten für den Werkschutz sind ebenfalls gleichmäßig auf alle Kostenstellen zu verteilen.
- Die Kosten der Werkstatt werden zur Hälfte auf die Fertigungsstelle und die Materialstelle verteilt.
- Die Kosten für Personal werden zu 70 % auf die Endkostenstelle „Material" verteilt, der Rest auf die Endkostenstelle „Fertigungsstelle".

Weitere Hinweise:

1. Es ist ggf. auf 2 Nachkommastellen zu runden.
2. Hinsichtlich der Vorgehensweise wird empfohlen, zunächst die Kostenarten im BAB nach Anleitung und unter Berücksichtigung der Bezugsgrößentabelle (nach Verteilungsschlüssel) zu verteilen.
3. Im Anschluss empfiehlt sich die Kostenstellenumlage nach Aufgabenstellung durchzuführen.
4. Im Endergebnis sollten den beiden Endkostenstellen sämtliche Kosten zugerechnet sein. Damit wäre die Aufgabe als erfüllt anzusehen.

Tabelle zu Betriebsabrechnungsbogen (bitte vervollständigen) (Aufgabe 2)

Kostenart	Betrag	Hilfskostenstelle allgemeine Kosten		Hilfskostenstelle Fertigung		Endkosten-/ Hauptkostenstellen	
		Kantine	Werkschutz	Werkstatt	Personal	Fertigungsstelle	Material
Material	3.000,00						
Fertigungslohn	12.000,00						
Energie	2.400,00						
Kalk. Miete	4.000,00						
Sozialkosten	3.300,00						
Summe							
Kantine: Zuordnung gleichmäßig							
Werkschutz:							
Werkstatt:							
Personal:							
Summe endgültig							

Aufgabe 3

Sachverhalt zur einstufigen Äquivalenzziffernkalkulation (Aufgabe 3)

Es werden zwei Erzeugnisse (E1 = Superior und E2 = Standard) produziert. Die Kosten für E1 sind um 10 % höher als die Produktion von E2. Von E1 werden 30 Stück produziert, von E2 40 Stück. Die Gesamtkosten belaufen sich auf 100.000,00 EUR. Lagerbestandsveränderungen haben nicht stattgefunden.

Aufgabe: Bitte ermitteln Sie die Kosten pro Erzeugnis.

Gütlich ermittelt das Ergebnis anhand der Darstellung in einer Tabelle (zur besseren Übersicht). Er verwendet nachfolgende Abkürzungen: ÄZ = Äquivalenzziffer, UZ = Umrechnungszahl

Tabelle zur einstufigen Äquivalenzziffernkalkulation (Aufgabe 3)

Sorte	Menge	ÄZ	UZ	Gesamtkosten	Stückkosten
Spalte 1	Spalte 2	Spalte 3	Spalte 4	Spalte 5	Spalte 6
E1					
E2					

Aufgabe 4

Sachverhalt zur Handelskalkulation (Aufgabe 4)

Die XY-GmbH bezieht 400 Stück Ware der Marke „Diamond" zu einem Nettopreis in Höhe von insgesamt 17.000,00 EUR. Der Lieferant gewährt dem Unternehmen 5 % Rabatt und 2 % Skonto. Die Bezugskosten belaufen sich auf 7,50 Euro pro Gut. Der Handlungskostenzuschlag soll 20 % betragen. Die Handelswaren werden mit 5 % Rabatt, 2 % Skonto und 10 % Vertreterprovision an unterschiedliche Einzelhändler in Hessen verkauft. Der Gewinn soll 12 % betragen.

Frage: Wie hoch ist der Bruttolistenverkaufspreis? Ermitteln Sie bitte anhand des Ihnen vorliegenden Schemas.

8.3 Übungsklausur Nr. 3 (120 Minuten)

Schema (allgemein) zur Handelskalkulation (Aufgabe 4)

	Position	EUR	EUR
	Listeneinkaufspreis		
./.			
=	Zieleinkaufspreis		???
./.			
=	Bareinkaufspreis		??
+			
=	??		??
+			
=	Selbstkosten		??
+			
=	Barverkaufspreis		??
+			
+			
=	Zielverkaufspreis		??
+			
=	??		??
+			
=	Listenverkaufspreis (brutto, inkl. USt)		??

Aufgabe 5

Sachverhalt Break-Even-Point auf 2 Wegen (Aufgabe 5)

Nach Neueinstellung in das Unternehmen „Heller Leuchten GmbH", dessen Unternehmensgegenstand die Herstellung und der Vertrieb von Lampen ist, wird der Controller C gebeten, einen Beitrag zu einer unternehmerisch wichtigen Entscheidung zu liefern.

Man hat die Idee, eine zusätzliche Abteilung für die Herstellung und den Vertrieb von hochwertigen LED-Leuchten einzurichten. Auf Grund einer sorgfältigen Berechnung soll dieser neue Bereich im Kalendervierteljahr fixe Kosten in Höhe von 130.000,00 EUR verursachen. Der Einführungspreis eines hochwertigen Leuchters soll bei 1.270,00 EUR liegen. Je Verkaufseinheit wird ein Deckungsbeitrag in Höhe von 270,00 EUR erzielt.

Man stellt C die Frage, wie viele Leuchten von der zusätzlichen Abteilung produziert und veräußert werden müssten, um die fixen Kosten zu decken.

C berechnet auf zwei unterschiedlichen Wegen, was er in seiner Ausbildung erlernt hat.

Aufgabe 6 Bitte definieren Sie die nachfolgenden Begriffe/Abkürzungen in maximal 2 Sätzen pro Begriff/Abkürzung:

a. Break-Even-Point
b. Opportunitätskosten
c. Kostenträger
d. Deckungsbeitrag
e. Äquivalenzziffer
f. GoB

Fazit

Dieses Buch will die Grundlagen der Kostenrechnung anhand einer einfachen und anschaulichen Erläuterung mit entsprechenden Übungsaufgaben vermitteln. Leser, die sich auch intensiv mit den Übungen auseinandergesetzt haben, sollten sich nach der Lektüre mit den Fachbegriffen und der Vorgehensweise bei Berechnungsverfahren (z. B. Handelskalkulation) grundsätzlich auskennen. Wenn Sie Hinweise oder Fragen zu diesem Lehrbuch haben, stehe ich Ihnen gerne per Mail (office@karin-nickenig.de) zur Verfügung.

Abschließend wünsche ich Ihnen nun viel Erfolg im Berufsalltag mit den Grundlagen der Kostenrechnung.

Ihre
Karin Nickenig

The manufacturer's authorised representative in the EU is Springer Nature Customer Service Centre GmbH, Europaplatz 3, 69115 Heidelberg, Germany. If you have any concerns regarding our products, please contact ProductSafety@springernature.com

Printed and bound by CPI Group (UK) Ltd, Croydon, CR0 4YY
23/03/2026
02076458-0009